资本运作

30种模式与实战解析

徐志强 著

中国商业出版社

图书在版编目（CIP）数据

资本运作 30 种模式与实战解析 / 徐志强著. -- 北京：中国商业出版社, 2020.1
 ISBN 978-7-5208-1075-3

Ⅰ. ①资… Ⅱ. ①徐… Ⅲ. ①资本运作－研究 Ⅳ. ①F830.59

中国版本图书馆 CIP 数据核字(2019)第 284280 号

责任编辑：刘万庆

中国商业出版社出版发行
010-63180647　www.c-cbook.com
（100053　北京广安门内报国寺 1 号）
新华书店经销
三河市长城印刷有限公司印刷
*
710 毫米×1000 毫米　16 开　13.5 印张　195 千字
2020 年 4 月第 1 版　2020 年 4 月第 1 次印刷
定价：48.00 元
* * * *
（如有印装质量问题可更换）

前言 PREFACE

资本运作和财富的增值

企业如果想快速增值，往往可以通过资本运作的方式加以实现。因为资本运作的中心理念，就是要尽量地将零散各处的钱财或资金汇集成一股洪流，通过精心的运作、恰到好处的使用，满足形形色色的投资和融资需要。在这样一个流动过程中，不仅社会和个人的财富得到迅猛增长，财富的状况也打破了旧格局，得以重新分配，这使得社会上一部分人快速地先富了起来，而绝大多数的人也在资本运作中挣到了钱。

与商品经营相比较，资本运作有其独特性。虽然资本运作和商品经营之间本质上有着紧密联系，但二者之间的区别也是客观存在的，而且，这个区分是深刻的，尤其在资本运作的相应特征上表现出来更明显。资本运作本身就具有增值性。这当然是资本自身的内在特征，也是资本运作的本质需求，资本要实现增值。

每一次资本的重组和流动，都是为了实现其价值的最大化或最大化地增值。资本运作都要以企业为载体，参与到企业的再生产过程中，不断地变换其表现形式。具体而言，就是参与到形成产品价值的运动中，在变化中使生产资

料的物化劳动与劳动者的活劳动结合起来,资本就像一个吸收活劳动的机器,由此实现了资本增值。当然,资本运作还是有着不确定性的。在资本运动或运作中,增值的利益与风险是并存的,这就是资本的不确定性。实际上,任何投资活动都有资本的参与,都可说是风险资本的投入,世界上没有无风险的收益和投资。这都要求资本运作者和企业经营者在进行资本决策时,要深刻认识到资本增值和资本风险是同时存在的,所以,结合企业和项目的长远发展,千方百计地分散资本所带来的运作风险,甚至将资本分散到他处,或吸收他处的资本参股,形成比较稳定的资本结构,是化解风险的较好方式。由此而发力,努力使风险最小,也使收益最大。此外,资本的运作还具有本质上的流动性。

资本在运作和流动中能实现价值的增值,一旦闲置下来,就意味着资本的流失或损失。资本的生命就在于运作,即在于流动,这就是资本的时间价值。在不同时点上,等量资本是具有不同价值的,当下的等量资本较将来同量的资本而言,应当拥有更高价值。可见,资本运作和商品经营无法等量齐观,而资本的魅力既在于其增值的性质,也在于其风险性和流动性。

资本运作有着形形色色的表现形式,都体现出增值性、不确定性、流动性等特征。如股票的发行、包含可转换公司债券在内的债券发行等。由此又衍生出各种具体的运作形式,如股权转让、新股增发、配股、红股派送、转增股本等,还有减少企业注册资本的股权回购等。资产重组当然也是资本的运作,对企业进行收购、兼并、合并、分立、托管等。在这样的运作中,风险资本也介入进来。

在资本的运作过程中,借着对企业资产的转让、出售、剥离、置换等行动，可以实现企业的债务结构和资本结构的完善，从而为更大规模的资本运营打下基础。对于企业而言，如此种种的资本运作，其根本目的还在于财富的增值和利润的获取。从上述资本运作的动作可以看到，资本的运作有扩张和收缩两种基本方式。顾名思义，扩张式的资本运作就是资本的进一步聚合或扩展，如宝洁对吉列公司的收购，就是一种资本的强强聚合，或资本的扩张运作。具体而言，扩张式的资本运作还可进行区分，即分为横向型、纵向型或混合型的扩张式资本运作。收缩式的资本运作就是资本的裂变，可有公司分立、资产剥离、股份回购、分拆上市等形式。还有人将资本的运作分为外延式和内涵式两种。上市融资、公司内部的业务重组、投资实业等被看作是内涵的资本运作，而企业产业链结盟持股、企业间的兼并收购，还有公司对外的金融投资、风险投资等，都被看作是外延的资本运作。

其实，国际贸易、补偿贸易、信用担保、票据贴现等都可以用融资的方式运作，也都是一种资本运作，操作得当就能为企业带来巨大利润，甚至从此走上快速增长之路。现实生活中，通过融资和投资等资本运作实现企业的快速成长，这样的实例不在少数。尤其在现今的新经济时代，更是为投、融资等资本运作开辟了广阔的道路，也为企业的超高速发展提供了条件。

在本文中，我们选取了部分案例，旨在分析和说明资本运作的模式种种，以供读者参阅。

目录

第一部分 融资拉动资本 / 1

第一章 债权融资 / 2

模式1：发行债券融资 / 2
模式2：金融租赁融资 / 10
模式3：信用担保融资 / 17

第二章 借贷融资 / 23

模式4：国内银行贷款 / 23
模式5：国外银行贷款 / 31
模式6：民间借贷融资 / 37

第三章 上市融资 / 44

模式7：国内上市融资 / 44
模式8：境外上市融资 / 51
模式9：买壳上市融资 / 58

第四章 内部融资 / 65

模式10：留存盈余融资 / 65
模式11：票据贴现融资 / 71

第五章 外部融资 / 77

模式12：资产典当融资 / 77
模式13：商业信用融资 / 84

第六章 贸易融资 / 90

模式14：国际贸易融资 / 90

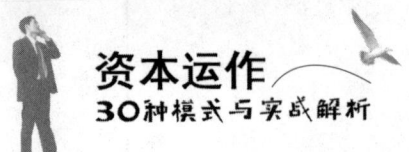

模式 15：补偿贸易融资 / 96

第二部分　政策引导资本 / 101

第七章　政策融资 / 102

模式 16：专项基金融资 / 102
模式 17：高新技术融资 / 108

第八章　项目融资 / 115

模式 18：BOT 项目融资 / 115
模式 19：项目包装融资 / 122

第三部分　投资推动资本 / 129

第九章　股权投资 / 130

模式 20：天使投资 / 130
模式 21：风险投资 / 136
模式 22：股权收购 / 144

第十章　资本投资 / 151

模式 23：IFC 国际投资 / 151
模式 24：跨国投资 / 158
模式 25：文化产业投资 / 163

第十一章　兼并和产权运作 / 169

模式 26：杠杆收购 / 169
模式 27：公司并购扩张 / 177
模式 28：产权交易 / 184

第十二章　整合资源 / 191

模式 29：合约促专业化协作 / 191
模式 30：增资扩股结盟经营 / 197

参考文献 / 202

第一部分 融资拉动资本

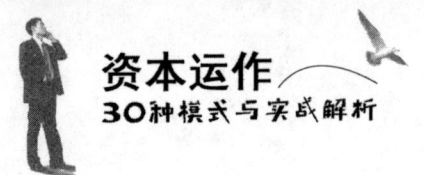

第一章 债权融资

模式1：发行债券融资

案例分析：阳光城快速扩展的机遇和风险

阳光城集团善于通过发行债券推动企业的扩张。以近几年的数据为例：2017年，阳光城通过发行10亿元永续中票（中期票据）、44亿元中期票据、含私募债在内的7.5亿美元海外债等多种债券，进一步扩大了融资渠道。其中，通过全资子公司阳光城嘉世国际有限公司在境外发行了5亿美元的债券。在2017年12月，阳光城还发行了30亿元可续期信托贷款。而这笔贷款头三个计息年度利率为7%，此后每年利率增加3%，最高不超过18%。

在2018年第一季度，阳光城申请注册发行30亿元人民币以内的定向债务融资工具获得批准。阳光城又在2018年6月7日发行年度第一期中期票据（永续中票）10亿元，利率达到8%，高于5.5%~7.5%的一般市场利率。这引起了业界的关注，说明阳光城还是迫切需要发展资金的。有人称这一融资方式为

"豪赌式融资",如果出现经营资金进一步缺乏的压力或是销售业绩不理想等,都会引发风险和一系列问题。

当然,10亿元融资规模对于阳光城集团而言并不算太沉重。长期以来,阳光城集团的发展从大规模融资中获益甚多。由此而借其富有特色的大举并购模式,迅速地实现全国化布局,企业规模迅速扩大。2001年阳光城总资产为59.04亿元,到了2017年突破2000亿元。其市场业绩也发生了质的改变和跃升,2011年为23亿元,到2017年则突破人民币900亿元,6年之内实现40多倍的增长。

再看一看近些年的数据,说明阳光城借债券融资实现了跳跃式发展。在2015年,阳光城实现并购案30余项。到2016年,阳光城用125亿元收购了55宗地块、13个项目,获得土储(土地储备)936.53万平方米,新增土储占总土储的73.09%。

2016年阳光城的并购力度最大,并购的项目超过公开拿地数,建筑面积达835.9万平方米,土地面积达284.14万平方米,占到总新增土储的85.49%。其中并购地域包括珠三角、长三角及中西部的重点城市,大体形成全国化的格局。到2017年,阳光城又通过并购、招拍挂等各种方式,总计得到120个土地项目,其中包含权益类项目,由此新增权益货值1407.12亿元、新增计容面积2021.63万平方米。2018年上半年,阳光城又在8个城市获得了10个项目,总新增土储88.47万平方米,地价约38.49亿元。截至2018年,阳光城集团在北京、上海、广州、重庆、福州、西安等30多个城市实现了布局。在武汉,阳光城有3个楼盘待售或在售,这些楼盘均为"刚需优选",处在热销之中,

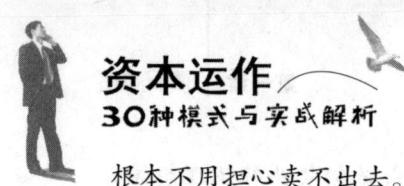

根本不用担心卖不出去。

2018年第一季度,阳光城集团实现了营业收入43.02亿元,同比增长达到77.56%,给予上市公司股东的净利润有2.24亿元,同比增长达到6.19%。

当然,以债券融资推动企业扩张或规模化,也存在着大小不等的风险,主要表现在高负债率带来还本付息的压力上。负债必然会成为阳光城这样高债券融资企业的负担。

阳光城的负债攀升当然是预料中的事情。其年报显示:负债由2015年的564亿元升高到了2018年3月的1967亿元,两年多增加到3倍多,增长幅度达到248%。截至2018年3月末,阳光城集团的资产总额为2267.01亿元,负债总额达到1967.85亿元,所有者的权益则为299.16亿元。在同期末,阳光城净负债率及资产负债率分别是276.96%、86.80%。同期末的总债务规模则为1166.82亿元,长短期债务比达到62%。

这种风险也在股票价格上显示出来。截至2018年7月13日,阳光城股票当日的收盘价位是5.93元/股,较1月份的最高点下跌近50%,其市值蒸发掉194.4亿元。

专家解读:以债券融资促企业增长

债券融资属直接融资,这有点像股票融资。在直接融资中,需要资金的公司直接到资本市场上融资,借贷双方存在着直接的相互对应关系。债券融资具有许多不同的种类,各有其相应的特点。现列举如下:

1. 按照债券形态分为凭证式债券、记账式债券、实物债券等。凭证式债券是用填制"国库券收款凭证"方式发行的国债，不印刷实物券。记账式债券没有实物形态，用电脑记账的办法记录债权，借助证券交易所的系统进行交易和发行。这种国债可随时在证券市场上转让，像买卖股票那样，流动性较强。实物债券即无记名债券，这是具有标准格式的实物券面的债券。

2. 根据发行主体可分为政府债券、金融债券、公司或企业债券等。政府为筹集资金而发行的债券就是政府债券，以国债为主，还包括地方政府债券。银行和非银行金融机构发行的债券称为金融债券。

而公司或企业债券在国外统称为公司债券，二者并无区分。但在中国，企业债券是由国家发改委监督管理，按《企业债券管理条例》规定发行、交易的。企业债券的发行主体一般为中央政府部门下属机构、国有独资或控股企业，这就在很大程度上反映了政府信用。公司债券则是由按《公司法》设立的公司所发行的债券。

3. 按财产担保可分为抵押债券和信用债券。抵押债券以企业财产做担保，按抵押品不同又可分为证券信托抵押债券、不动产抵押债券、动产抵押债券、一般抵押债券等。信用债券是用公司财产作为担保，通过信用方式发行的债券。

4. 按付息的方式分为定息债券、浮息债券、零息债券等。定息或固定利率债券的利率不随市场利率变化而改变，能较好地抵制通货紧缩的风险。其利率也是印在票面上并按期支付利息。浮息或浮动利率债券的利率则是随市场利率而调整的。零息债券即贴现债券，在票面上不附息票、不规定利率，发行时按

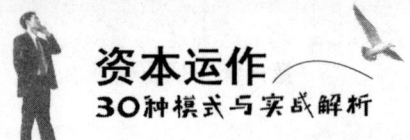

某种折扣率用低于债券面值的价格发行,到期则按面值支付本息。贴现国债用低于面额的价格发行,就是一种期限较短的利息预付或贴水债券。

5. 根据可否转换分为可转换债券和不可转换债券。可转换债券在特定的时期内可按固定比例转换成普通股,具有债务与权益双重属性,属混合式筹资方式。不可转换债券即普通债券,不能转换债券为普通股。因债券持有者没有成为企业股东的权利,一般利率要高于可转换债券。

6. 按偿还方式分为一次到期债券和分期到期债券。对于一次到期债券,发行企业将于到期日一次性偿还全部债券本金;分期到期债券则是分期还本。

7. 按能否提前偿还可分可赎回债券和不可赎回债券。可赎回债券到期前发行者可事先约定赎回价收回,不可赎回债券则不能在债券到期前收回。

8. 按计息方式分为单利债券、复利债券、累进利率债券。单利债券不论期限长短均按本金计息,利息不再加入本金计算利息。复利债券则按期将利息加入本金计息,逐期滚算。累进利率债券的年利率逐年累进计息,因此,后期利率高于前期利率。

9. 按募集方式分为公募债券和私募债券。公募债券向社会不特定的多数投资人公开发行,可在证券市场转让。私募债券则向特定的少数投资者募集,发行及转让均有一定的局限性。虽然发行手续简单,但一般不能在证券市场交易。

10. 按债券是否记名可分为记名债券和无记名债券,这很像记名股票与无记名股票的区分。

11. 按是否参加公司盈余的分配可分为参加公司债券和不参加公司债券。持前一债券的人除债券到期还本付息之外,还参加公司盈余分配;持后一种债券则不参加公司盈余分配。

12. 按可否上市分为上市债券和非上市债券。

13. 按发行时间长短分为短期债券和长期债券。

企业发行债券需要具备必需的条件。公司债券发行依据《证券法》第 16 条规定，企业债券的发行则要依据《企业债管理条例》和《国家发展改革委关于推进企业债券市场发展、简化发行核准程序有关事项的通知》的规定。对于企业债券而言，公开发行有 7 项基本要求；而对公司债券则有 8 项基本要求。实际上，两种债券前 5 项要求是一致的：

1. 对于股份有限公司，净资产不低于 3000 万元。有限责任公司和其他类型企业净资产不应低于 6000 万元。

2. 累计债券余额不得超过企业净资产（不含少数股东的权益）的 40%。

3. 近三年平均可分配利润或净利润能支付企业债券一年利息。

4. 筹集资金的投向应符合国家产业政策的规定。

5. 债券利率不得超过国务院限定的利率水平。

如果公开发行企业债券，还应该符合两项基本条件：

1. 已经发行的企业债券或其他债务，没有处在违约或延迟支付本息的状态。

2. 近三年未出现重大违法违规行为。

公司债的发行除须符合上述 5 条之外，还应符合：

1. 公开发行的公司债券，所筹资金不得用于非生产性支出和弥补亏损，而必须用在核准的用途上。

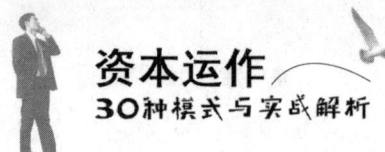

2.上市公司如发行可以转换成股票的公司债券,除应符合上述净资产规定外,还应符合《证券法》公开发行股票的各项条件,报请国务院证券监管部门批准。

3.国务院规定的其他条件。

公司或企业在经营过程中,经常会遇到资金周转不畅的情况,这时可能需要发行债券以度过危机,而公司或企业就要按照一定的操作程序来发行债券。以公司债券为例,可有下述几个基本步骤:

1.发行债券的决定或决议。有限责任公司、股份有限公司发行公司债券,由公司董事会定方案,股东会做出决定。国有独资公司发行公司债券须由国家授权的投资机构或部门做出决定。

2.提交发行申请。以公司债券为例,做出公司债券的发行决议后,应按《公司法》规定的条件,向国务院授权部门递交规定的申请文件报批。这些文件包括公司章程、公司登记证明、资产评估和验资报告、公司债券募集办法等,提交的文件应该准确、完整、真实。

3.批准发行申请。国务院授权部门应当从受理公司债券发行申请文件时开始,3个月内做出决定。不予审批的应说明理由。

4.公告募集的办法。募集办法中应写明下述事项:公司名称、公司净资产额、债券总额和债券票面金额、债券利率、债券起止日期、还本付息的方式和期限、已发行尚未到期公司债券总额、债券承销机构。

5.落实公司债券上的载明事项。发行的债券须载明公司名称、债券票面金额、偿还期限、利率等,由公司盖章,董事长签字。

6.备好债券存根簿。发行记名公司债券,还应在债券存根簿上注明下述事项:债券持有人姓名(名称)及住所、债券持有者的债务编号及获得债券日期、债券发行日期、债券还本付息期限及方式、债券票面金额、债券利率、债券总额。

发行债券可能会遇到一些风险和问题,需要在债券发行的策划和运作中加以注意。

1.信用的风险。发行债券的企业如果不能按时偿还本金或支付债券利息,将会对债券投资人造成损失。

2.流动性的风险。债券流动性差,将使投资人短期内无法以合理的价格卖出,从而承受丧失新投资机会或者价格降低的风险。

3.利率的风险。利率会影响债券的价格,当利率提高时债券价格会降低。债券剩余的期限越长,利率的风险就会越大。利率风险还会表现为再投资的风险。

4.通货膨胀的风险。通货膨胀将使货币购买力下降,这时投资人债券的实际利率应是票面利率减去通货膨胀率。实际上,这种风险是债券投资中的常见风险。

5.回收性风险。有些债券具有回收性条款,这就经常存在强制收回的可能性。当市场利率下降,投资人可按债券名义利率获取实际增额利息时,却有被收回的可能。如果发生这种情况,投资人预期收益将遭受损失,这就是回收性风险。

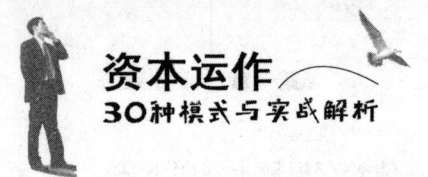

模式2：金融租赁融资

案例分析：租赁融资购置急需的大设备

某家三甲医院的配置、设施完备，有病床600张，拥有的先进医疗设备价值达到1.8亿元，各项功能齐全。2018年门诊量达到80万人次，全年业务收入为3.5亿元，收支的结余320万元，负债率41%，货币资金为11000万元。

由于业务发展需要，医院急需引进一台3.0T核磁共振设备。经开会决定购买某国际品牌设备，价格2200万元。医院向供货商提出分期支付设备款项的要求。后经供货商建议，医院向租赁公司递交了租赁融资的申请。出租方经过仔细的实地考察，并广泛询价和讨论，拟订出租赁方案，医院也通过了这一方案。租赁公司也按相关程序批准了此方案，并与医院签订了《设备出租合同》，双方约定：医院先向出租方提交部分保证金，在租赁期内医院按月支付等额租金，合同结束后设备所有权可以转给医院。与此同时，出租方也与供货商订立了《购货合同》，合同规定租赁公司将按设备安装的进程付款，生产厂家需要提供售后服务。这样，供货商将与厂家签订《服务合同》。

这是一个由三方参加的典型医疗设备融资租赁案例，而案例中租赁事项的具体展开，有以下几个重点，需要切实把握：

1. 明确医院的需求。医疗行业竞争激烈，医院面临提升自身的难题。人才当然是医院竞争的一个方面，但引进新设备、增加床位、改善就医环境同样是不可缺少的，这就需要大量的资金。一般而言，医院资金的来源和流向主要包括四个方面：一是银行信贷，但有额度控制。信贷在短期内提供流动资金，中长期多用于基建。二是业务收入，多用于人员成本的开支和部分流动资金。因医院开销比较大，本身收支结余一般不到全部收入的1%。三是用于设备更新的租赁融资。四是不多的财政拨款，用于支付离退休人员部分工资。

医院此次用租赁融资的方式引进设备，有以下考虑：一是不占授信额度；二是首付的压力不大；三是可提前使用新设备，通过新项目来增加医院收入；四是借租金事项引进新设备效益考核机制，加强对职能科室的管理、监督和激励。

2. 租赁融资虽是金融中介服务，却也具备产品营销的功能。因此，大部分医疗设备租赁项目是供货商所推荐的，少数则由老客户推荐或自荐。厂家当然愿意尽快得到全部货款，如医院想尽早使用设备，却又无法满足厂家的支付条件，这就有了租赁融资的需求。

3. 需确定这一设备租赁项目是否合适。有些医疗设备并不是合适的租赁物。对于医院和出租人而言，租赁的设备应符合使用寿命长、非消耗性、价值高、售后服务好、可计量收费的要求，最好是著名品牌。对医院也应进行评估，应选择信誉好、综合实力强、等级高、负债低的医院，这样的医院在当地也有较大的辐射力和影响力。

还应该看一看项目涉及的技术支持、专业需求、新增收入、科室实力等

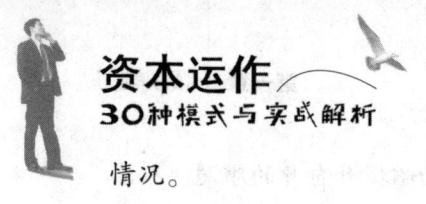

情况。

4. 做好租赁方案的设计。保证这一方案既尽量满足医院需要，又符合出租方的标准。灵活的付款安排和适当的租赁期限，可降低医院还款负担，最大限度地确保医院履约。对于设备的保险条款也应有所约定。

租赁方案的设计，还必须强调风险的防范，包括项目实施的风险、利率波动的风险、承租方偿债的风险等。

5. 一般都会设定出租方退出机制。一旦出现某些纠纷或项目失败，应该保证租赁公司能合法地退出合同。

专家解读：用租赁融资使企业资金流畅

金融租赁融资或租赁融资，指的是出租人根据用户的请求，与供货商签订供货合同，购买用户选定的设备等物品。这时用户作为承租人，与出租人签订租赁合同，支付一定数量的租金而租用所需的设备等生产要素。这是目前世界上最基本、最普遍的非银行融资形式。就从操作过程和特点而言，有下述几个重点：

1. 租赁融资是融物和融资相互结合的交易方式，其中，融资起着主要作用。

2. 租赁融资涉及三方当事者，即出租方、承租方、供货方。还要签两个或多个合同，包括供货合同和租赁合同。

3. 租赁融资是一种信用形式，承租人需按合同分期交付租金、偿本付息。

出租人则在租赁期满后，收回设备价款和出资的利息及利润。

4. 由承租人选择租赁物（如设备）和供货商，出租方则按要求出钱采购租赁物即可。承租人负责按设备的规格、质量、数量、技术等要求进行验收和鉴定。

5. 租赁物的使用权和所有权相互分离。租赁合同内的所有权属于出租人，承租人支付租金取得租赁物使用权。

6. 承租人负责租赁期内设备的维修、保养、保险等，过时的风险也由承租人承受。

7. 设备在租赁期满后有退租、续租、购买三种处理方式，应事先在合同中予以注明。

8. 租赁融资合同是不可任意撤销的，一般而言，三方当事人均无权撤销合同。

租赁融资有着投资、融资、资产管理、促销四大功能。从投资功能而言，租赁融资实际上就是一种投资行为。出租方可以选择某些收益高、有产业政策倾斜、风险小的项目进行投资。有些具有闲散设备和闲散资金的企业，也可借着租赁融资使自己的资产增值。作为一种投资的手段，租赁融资还改善了企业资产的质量，使资金具有专用性，能有效地帮助中小企业实现设备、技术的升级改造。

从融资功能而言，租赁融资为企业解决了资金不足的问题，其本质目的是融通资金。就像一项中长期的贷款，企业只用支付不多的资金，就能得到急需的设备从事生产。就资产管理功能而言，租赁融资将实物经营与资金运作相

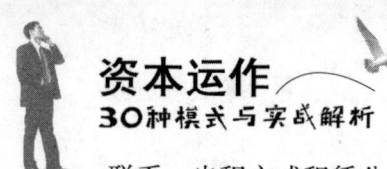

联系,出租方或租赁公司不仅控制资产的流向,也有责任对租赁的资产进行监督和管理。还可让设备生产者为承租方提供保养、维修及产品升级等服务,以保持设备的先进,降低设备淘汰的风险和使用成本。尤其对那些技术性强、售价高、利用率低、无形损耗快的设备更是如此。从促销功能而言,租赁融资为企业提供金融服务,可成为以租代销的一种形式。既避免了供货方因存货积压而形成流通不畅,也扩大了产品销路,增强了产品的市场竞争力。

租赁融资具有不少优点,如限制条款少、筹资速度快、财务风险小,设备使用人承受的设备淘汰风险也较小。由于租金可税前扣除,减轻了税收负担。租赁融资的缺点是租金比较高,总体资金成本较大。租金和支付期限的固定,也会增添企业调度资金的难度。

目前,国内租赁融资业务快速发展,尤以金融租赁公司的成长最引人注目。这些金融租凭公司(金租公司)是由银监会审批并监管的非银金融机构,有更低融资成本、更多的融资渠道、可发行金融债券、吸收股东超过3个月的存款、进行固定收益证券投资、进入同业拆借市场借款。而金融租赁公司可享12.5倍杠杆,普通融资租赁公司杠杆不超过10倍。

截至2019年2月,国内金融租赁公司数目已达到70家,其中有金融租赁专业子公司3家,分别为华融航运金融租赁有限公司、招银航空航运金融租赁有限公司、交银航空航运金融租赁有限责任公司。金租公司总的注册资本已达到2004亿元。主要业务集中在大型设备、城市公用事业、航空航运、医疗健康、教育文化、车辆运输、轨道交通、三农、绿色能源、工程机械等领域。因为金融租赁公司大多数资金实力雄厚、资产规模强大,所以在重资产行业占有更大的比较优势。这些金租公司中，以银行系为多，由国有银行、农商行、城商行、股份制银行参股或控股的达 48 家。

依据 2018 年的数据，代表大银行的老牌银行系金租公司，经营时间长，资产的规模遥遥领先于同业，作为靠山的母公司也是实力雄厚。但新设立的金租公司则呈现出较快的增长势头，资产规模的增速高于本行业平均水平。

从服务力、品牌力、成长力、创新力、风险控制力这 5 个方面进行测评表明，在金融租赁公司的理财力排行榜上，作为银行系代表的工银租赁、交银租赁、民生金融租赁、华夏租赁、中信租赁综合实力比较强。

截至 2018 年 6 月 30 日，工银租赁的总资产为 3416.9 亿元，净资产达到 306.78 亿元，2018 年上半年实现净利润 14.51 亿元。这就表明，工银租赁已经成为国内综合实力排名第一的金租公司。业务主营范围是能源电力、航空航运、装备制造、轨道交通等重点领域的大型设备金融租赁。工银租赁也提供投资基金、投资资产证券化、资产交易、租赁资产转让等多方面的产业与金融服务。

同期交银金融租赁的总资产为 2185.65 亿元，比前一年末增长 5.46%。净资产达到 202.36 亿元，较前一年末增长 7.47%。2018 上半年实现净利润 13.52 亿元，同比增长达 12.2%。在 2018 年 6 月 7 日，交银租赁还以自有资金向自己的全资子公司交银航空航运金融租赁有限责任公司增资 70 亿元，使其注册资本从 15 亿元增加到 85 亿元。

在 2018 年上半年，民生金融租赁公司聚焦特色业务，以全面系统的改革为基础，进一步提高了自身的专业化竞争优势。截至 6 月 30 日，民生金融租

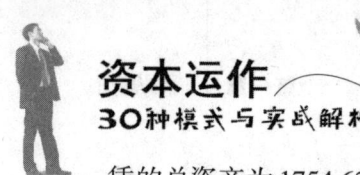

赁的总资产为1754.62亿元，净资产为163.94亿元。民生金融租赁上半年船舶、车辆、飞机三大战略板块的利润贡献占比大于70%。而飞机板块还进一步向二手公务机交易市场发展，船舶板块进入到集装箱等细分行业的世界主流市场；车辆板块的零售业务模式也逐步稳定，并着重于使用大数据逻辑来完善业务结构。

2018年上半年，华夏金融租赁总资产达到639.52亿元，总负债为559.58亿元，净资产达到79.94亿元。报告期的净利润为4.01亿元。在2018年1月，华夏金融租赁的注册资本由之前的30亿元增至60亿元。由原股东昆明产业开发投资有限责任公司和华夏银行股份有限公司同比增资，前者的持股量为18%，华夏银行持股量为82%。

而中信银行公布的2018上半年报显示，中信金融租赁有限公司总计投放租赁项目为45笔，投入金额达74.87亿元，投向绿色租赁领域的金额占到64.03%。到6月30日，中信金租的总资产为502.97亿元，较前一年末下降了2.84%。在2018年1~6月期间，实现的净利润达到2.93亿元，同比增长为42.47%。

模式 3：信用担保融资

案例分析：综合授信担保堵住企业发展缺口

有一家生产企业，由于快速的市场扩展，产品出现供不应求的情况，对企业形成较大的扩张压力。当添置几项关键设备后，流动资金出现约 1000 万元的缺口。因为这家企业的生产具有明显的季节性，每年的春夏季节都是生产高峰，要采购大量的原材料。因此，估计上半年资金会短缺 1000 万元左右，但下半年的资金需求并不会紧张。

这家企业的厂房价值约为 500 万元，按银行的通常标准，无法通过贷款弥补短缺的资金。担保公司按企业的实际情况，以出口退税账户质押和厂房抵押的方式，对这家企业作出 1000 万元综合授信担保。其中，流动资金 500 万元，承兑汇票额度 500 万元。这家企业可在春夏两季资金吃紧时启用承兑汇票额度，而在资金宽松时则可闲置这些额度，可以节约企业财务支出。

案例分析：第三方物流介入存货质押反担保融资

信用担保融资是信用和担保的结合，担保是其中的重点之一。现在国内已经有相当多的担保机构或公司，从事的就是信用担保融资业务，针对的是

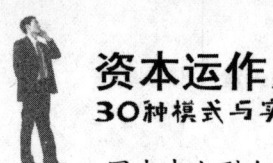

国内中小型企业。这些企业常常会遇到资金紧缺的时候,但又没有理想的融资渠道。这样的担保机构又分为企业、社团、事业3种主要法人类型,为企业提供额度不等的担保融资。

这项业务虽很受中小型企业的欢迎,但融资额度却不能令人满意。在信贷业务发达的地区,如长三角、珠三角,一般担保机构提供150万元担保,银行可提供550万元或700万元的贷款,甚至根据企业的资信,达到1200万元。但在经济不太发达的地区,同样的150万元担保,可能只得到300万元或400万元的贷款。有这样一个例子,江苏一家手机营销公司,净资产400万元,年利润一般在600万元左右。公司老总想扩大企业的规模,实现公司更大收益,就想融资3000万元。一是用于进货,二是用于增加和扩大营业网点。尤其是后面一项,在增加网点的同时,还能得到更多、更充分的品牌支撑,更是企业手机销售业务进一步发展所必需的。但因为营销公司的资产规模小,担保公司不敢做较大的担保,也就难以获得银行较多的贷款,所以这一想法被一直搁置下来了。

后来,这位老总参加了一个资本运营高级研讨班的学习,得到了启发,找到了解决资金问题的办法。这就是请第三方的物流仓储公司参入,用存货质押反担保进行融资。

这一方法涉及担保机构、商业银行、物流公司,加上寻求融资的企业自身,总共就有4方。具体操作过程分为下述七步:

1. 这家手机营销公司需要找到一家担保机构或公司,为自己做信用担保融资。担保公司将与银行联系,用质押的方式为企业提供担保。

2. 完成必要的申请和操作流程，银行将资金贷给这家营销企业。

3. 这家手机营销公司从各家手机生产企业购买手机产品。实际上，这些手机也就是这笔贷款的质押物。

4. 手机生产厂家将手机发给第三方物流仓储公司，而不是直接发给手机营销公司。这是相当关键的一步。

5. 而担保机构或公司将与物流仓储公司达成协议，建立起业务联系。进货和出货的数量都由担保公司掌握。在这一担保融资中，担保公司为手机营销企业担保3000万元的贷款，靠的就是在第三方物流仓库里质押着的手机。手机营销公司要想提货，得先通过担保公司的认可。这就是第三方物流介入的存货质押反担保融资。

6. 手机营销公司用赚来的钱还银行贷款，同时还要支付担保机构的担保费和其他费用。

7. 仓储物流公司实际上起着第三方担保的作用，这笔担保费由担保公司支付给这家物流公司。还需支付物流公司的仓储费。

从上述例子可见，这家净资产400万元的手机营销公司，通过第三方物流介入的存货质押反担保融资，贷到了3000万元急需的资金。其中的关键就在于通过第三方仓储，实现了产品的质押。而仓储本来就是产品营销所必需的，再通过以后的营销过程，手机营销公司取得的销售收入，可用于还贷、支付担保费和仓储费等，剩下的就是营销公司收入。这样，就使手机营销公司、担保公司、物流仓储公司、银行实现了多方共赢。

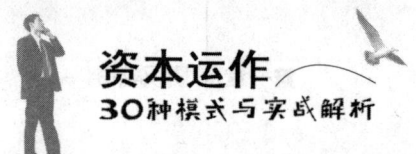

专家解读：信用担保融资的特点分析

信用担保属于金融或融资服务的范畴，可分为工程项目担保、流动资金贷款担保、综合授信担保等。作为一种信用中介服务，信用担保也是社会信用体系的一个重要组成因素。在现阶段国内信用约束机制还不健全的状况下，信用担保是解决中小型企业融资难的一个重要方法。信用担保融资承担着各类债权人或银行不能或不愿承载的高信用风险，因此，这是一个专业相当强的高风险领域。

信用担保是一种特殊的融资中介活动，具有下述4个主要特点：

1. 担保在本质上就是要转移和分散风险，或是加强对风险的防范。因担保公司的参入分散了商业银行向中小型企业贷款的风险，但将风险转移到担保公司，给担保行业自身带来相当高的风险。这就涉及风险控制和识别的问题。当然这首先与担保从业人员经验的不断积累有关。而在实际的业务操作中，就需与银行形成一种共识，建立共同的风险分散和控制机制，如施行比例担保。这是很重要的一点，由此可带来商业银行信贷业务及担保业进一步发展的双赢局面。实际上，这些年各地担保机构的业务实践表明，商业银行已逐渐认识到这一问题的重要性。

2. 实际的信用担保运作表明，此种方式的介入，从单个案例看，方便了商业银行对企业的信贷业务，似乎单个担保并不具备全面调节金融和经济资源配置的功能。但从担保行业整体作用看，专业的担保机构可以按照特定的目的，系统和集中承担数倍于其自有资产的担保责任，引导社会商品和资金的流量、流向，在经济和金融资源的宏观配置中，发挥着重要的调节作用。甚至成为政府实施产业政策和财政政策的一种有效工具。这就促使全球许多国家的政府愿意出资推动和引导本国担保业的发展。

3.信用担保介于企业和商业银行之间，表现为一种资产责任和信誉证明，这就给结合在一起的融资服务活动提供了保障。实际上，这是由担保人给予担保，由此提升被担保企业的资信等级。担保机构的介入，也使原本存在于企业和商业银行之间的贷款关系，成为担保机构、企业、商业银行三方面之间的关系。因担保介入，有效地降低了商业银行的贷款风险，银行资金的安全获得更好的保证，这就增强了银行对于中小型企业贷款的意愿，使中小型企业贷款的渠道更加顺畅。

4.因担保人是被担保企业潜在的资产所有者和债权人，担保公司就有权对被担保者的生产经营活动进行检查和监督，甚至还参与到企业的经营管理活动之中。这都有助于企业的更新、发展和升级。

当完善的信用担保体系建立起来以后，就能够有效解决中小型企业融资难、成本高的问题。这是因为信用担保体系的中介作用，使中小型企业融资成本只是银行贷款利息外加一定额度的手续费，这远远低于民间融资所需的费用。仅从这一点，就能看出信用担保在当今经济和生产活动中的重要性。

信用担保还可有效降低银行的经营风险和管理成本，推动银行信贷业务的开展。由于担保机构或公司的存在，可简化银行对于中小型企业的贷款手续，直接降低了商业银行的管理成本。不仅如此，担保机构还能有效应付银行面临的支付危机，使银行不良贷款额下降，由此能够激励银行系统开展新的信

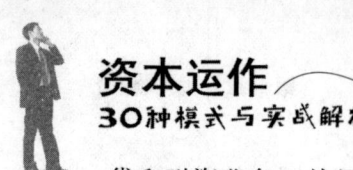

贷和融资业务。从经济学的角度看,信用担保系统具有明显的经济杠杆作用。与一般性企事业单位中的非专业担保行为相比较,信用担保克服了其中存在的零散性、自发性等缺点,可系统而集中地按特定目标,依据自身信誉与实力承担数倍于企业资产的担保责任。正是因为信用担保的这一作用,就产生了多倍放大的功能,在经济和金融资源的配置过程中,发挥出经济杠杆的作用。而且,信用担保还可成为政府调控中小型企业发展的有效工具,在地方和全国经济的发展和升级中发挥重要作用。

当然,目前国内针对中小型企业的信用担保水平还有待进一步提高。从经济学和金融融资的角度来看,国内中小型企业的信用担保体系,在经营和结构两方面都还存在着一些缺陷。经营的缺陷主要表现为四种缺乏,就是风险分散机制、担保品种、担保人才、资金补偿机制的缺乏。结构性缺陷主要是政府财政性担保处在绝对主导的地位上,民间资本型的互助担保和商业担保占的份额还太低。由于结构和经营上的缺陷,还带来国内信用担保业某种程度的功能性缺陷。结构性缺陷导致的功能缺陷是宏观意义上的,经营性缺陷导致的功能缺陷则是微观意义上的。

第二章 借贷融资

模式 4：国内银行贷款

案例分析：中竹纸业的股权质押贷款

　　福建南平的邵武中竹纸业有限责任公司是一家漂白竹浆制造企业，年产 12 万吨商品漂白竹浆和 5 万吨文化用纸。因发展的需要，与浦发银行温州分行达成亿元贷款意向，但却无法提供可抵押的不动产，这就使贷款一事陷入困境。这是该市首笔股权质押贷款，数额近 2 亿元。市工商管理部门得知这一情况后，就建议中竹纸业以企业股权做质押担保，还派出业务骨干来指导这家企业完善资料，填写有关表格，很快就为其办理了所有的股权质押登记手续。又积极与银行协商、沟通，得到银行认可，这样，浦发银行温州分行很快为中竹纸业提供了 1.87 亿元贷款。

　　在这一案例中，邵武中竹纸业使用了银行贷款这一途径进行融资。具体

的方式就是股权质押，即以企业股东的股权为标的物而进行的质押融资行为。当股权质押经过工商部门的登记后，就具有物权效力。而且，在股权质押期间内，因当地工商部门的锁定，无法转让、出售，这就有效地降低了银行的风险。

因中小企业无法到正规的资本市场直接融资，银行贷款就成为这些企业融资的一个重要途径。而股权质押贷款这种银行贷款方式，使企业的"死钱"变成"活钱"，与其他担保方式相比，股权质押还具有手续简便、效率高、成本较低等优点。

案例分析：用无形资产满足企业资金需求

辉腾能源（重庆辉腾能源股份有限公司）是一家国家级的从事光伏系统研发、销售的高新技术企业。当重庆市推出"科技型企业知识价值信用贷款改革试点"以后，辉腾能源就成为重庆高新区首批试点的企业。在2017年，这家企业获得第一笔120万元无抵押知识价值信用贷款。到2018年，辉腾能源的知识价值信用贷款额度上升到280万元，还享受到了基准利率的优惠。

辉腾能源公司能获得贷款，当然也是凭借自身的无形资产实力。这家公司拥有软件著作权4项，光伏类的自有知识产权专利技术则达到116项之多。而光伏业务需在前期垫付大量的工程款项，因此，辉腾能源过去因资金紧缺而放弃过不少工程业务。辉腾能源的董事长沈正华说："由于我们是轻资产企业，没有抵押物，过去几乎没有从银行贷过款，全靠自有资金来流转。"而2017年获得的这120万元知识价值信用贷款，对于当时的公司而言，也解决了燃眉之急。现在这笔贷款早已经按期还本付息。到2017年底，辉腾能源的高效智能太阳能路灯销售量突破15万盏,智能光伏发电站的销量则突破了1332座。辉腾能源已于2018年8月14日在新三板成功挂牌,这与知识价值信用贷款的救急密不可分。

截至2018年底,重庆高新区总计有68家科技型企业获得知识价值信用贷款。与2017年相比较,68家企业在业务收入、研发投入资金量、纳税额、资产规模等方面均得到较大的增长。其中,企业的主营业务收入增长18%,研发费用增长达37%,纳税金额提高3倍以上,企业总资产规模增长达15%。同时,知识价值信用额度也增长28%,还有43家获得融资的科技型企业在重庆OTC科创板块挂牌。

节节高科技是一家聚焦于物联网核心关键技术研发生产的民营企业,全称为重庆节节高科技发展有限公司。这家公司向客户提供智慧农业、智慧旅游、智慧城市等物联网整体解决方案,由于产品适合市场需要,近些年来业务得到不断拓展,从而产生了较大的资金需求。

2018年初,节节高科技用知识价值信用,即无形资产,成功地获取了160万元银行贷款。这笔贷款虽然数目不大,但解决了公司资金紧缺的难题,使得节节高科技可以立即加大对研发生产的投入,加大投入后,当年1—10月的产值超过2017年全年产值。这是节节高科技公司总经理王茂林始料不及的,他说:"企业曾因为资金短缺错失了不少良机。没有固定资产做抵押也能从银行获得贷款,这在以前根本不敢想。"这也是重庆市"科技型企业知识价值信用贷款改革试点"所产生的成果。到2018年10月底,这一全国率先推出的试点已使411家公司得到金额达11.43亿元的贷款。其中,知识价值信用贷款5.4亿元,叠加发放的商业贷款达到6.03亿元。

对于企业而言，知识价值信用贷款看的是企业无形资产实力，具有以下特点：

1. 不是仅仅盯住短期财务指标，而是首先关注企业的创新指标。
2. 不要求企业的任何抵押，就是名副其实的信用贷款。
3. 不看房地产等固定资产价值，只注重科技型企业的知识价值。
4. 无论贷款数额多大，都无须扣缴任何的保证金。
5. 整个过程都遵守基准贷款利率不上浮的原则。

知识价值信用贷款的前期评估也是围绕企业无形资产进行的。评价体系有两个方面的依据：一是商业大数据应用，二是专利软件化评估。这样，就能够申请以企业的知识产权为核心，结合创新产品、创新服务、研发投入、人才团队等多种创新要素，依据指标做出综合性的评估。评价结果则由软件系统自动生成。这一试点项目的相关负责人说："科技型企业知识价值有A、B、C、D、E、5个特定信用等级，对应40万~300万元的特定授信额度。"银行按上述推荐授信额度，据央行同期贷款基准利率向科技型企业提供贷款。

当然，没有固定资产做抵押，银行必然会对企业的债务偿还力产生担忧。因此，为减少银行的后顾之忧，"知识价值信用贷款改革"项目还由当地财政出资，建立起一个风险补偿基金，对这一贷款范围内的合作银行进行风险补偿，现在基金规模已经达到28亿元。还设立了一个3%警戒、5%熔断的风险防预机制。据相关负责人说："当贷款企业本金逾期产生风险后，由风险补偿基金对贷款本金损失的80%进行补偿，银行只承担20%的贷款风险，保证贷款审批的审慎性。"上述两个案例中的知识价值信用贷款，实际上是一种新型的轻资产融资模式，不久的将来应该会在更大范围内广泛应用。当然，根据试点所取得的经验，届时这一针对中小型科技企业的贷款方式将会更加完善。

专家解读：企业从国内银行融资的路子越来越宽

融资是资本运作的一个重要方面，而从国内银行贷款又是融资的一个重要内容。国内许多企业都有银行贷款的需求，尤其对于中小型企业而言更是如此。从定义上看，国内银行贷款指的是企业向境内银行融入资金，而银行则将某一额度的资金按一定利率贷给申请者，同时约定还本付息的期限。国内银行贷款的内容主要有固定资产投资贷款、流动资金贷款、综合授信、贸易贷款、银团贷款等。

一般而言，国内银行贷款有下述特点：融资速度较快、手续较为简单、贷款利息进入企业成本、融资成本较低等。国内银行贷款一般都要求到期还本、按期付息。申请国内银行贷款的企业须满足下述几个主要条件：

1. 有年检合格、工商行政管理部门核准登记的营业执照。符合国家相关行业、产业政策的规定，不属于高耗能、高污染小企业。

2. 企业成立年限原则上在两年及两年以上，经营情况稳定，连续两年毛利润为正值且销售收入增长，至少有一个以上的会计年度财务报告。

3. 企业实际控制人或经营者从业经验在3年以上，个人无不良信用记录，素质良好。

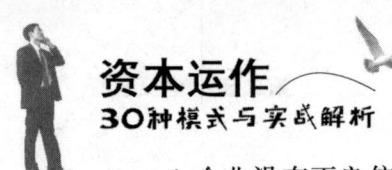

4.企业没有不良信用记录,具有偿还债务、履行合同的能力,且有良好的还款意愿。信贷资产的风险为正常类,或为非财务因素影响的关注类。

5.对于小型企业而言,还要符合与小企业业务有关的行业信贷政策。

国内银行贷款的期限,一般可分为短期、中期和长期。1年以内的为短期贷款,这类贷款期限较短、风险较小。1年以上、5年以内的为中期贷款。5年以上30年以内的为长期贷款。申请长期贷款要看企业的资质及贷款种类、用途。企业应在自身经济可承受的范围之内申请贷款,不宜选择时间过长的。

当然,对于中小型企业而言,目前银行信贷额度紧张是客观存在的事实。因为银行担心放贷后无法回收。当然现在许多中小型企业的确存在管理不规范、制度不健全、经营规模小等各种问题,抗风险的能力也不强。这样的企业往往也没有建立起规范的财务制度,所以在向银行申请贷款时,就可能拿不出财务报表、企业信用记录等资料,所递交的资料也残缺不全。这使银行很难把握申请者的真实情况,因而影响企业获取贷款。以创新为特点的科技型民营中小企业,则展现出另一种情况的融资难、融资贵。这些企业靠的是知识产权、人才支撑,但短期财务指标不优,企业也缺乏重资产。

有一些中小型企业信用良好,各项报表也真实可信,这种情况其实贷款并不困难。银行也针对这种情况,推出各种中小型企业贷款项目。就如上述例子所表明的情况。邵武中竹纸业通过股权质押获得银行贷款。辉腾能源和节节高科技属于高科技企业,则是通过重庆市的知识价值信用贷款项目,凭借无形资产取得融资。这两种融资方式,都可以在《中华人民共和国担保法》中找到相应的法律依据。根据《担保法》，对质押的权利范围有如下规定：一是汇票、支票、本票、债券、存款单、仓单、提单；二是依法可以转让的股份、股票；三是依法可转让的商标专用权、专利权、著作权中的财产权；四是依法可以质押的其他权利。

就邵武中竹纸业的融资模式而言，随着中国市场经济体制逐步建立并完善，国内股份制企业将会越来越多，股权质押融资的方法，将成为这类企业的又一个融资渠道。这也给银行信贷业务的发展提供了富有活力的发展前景。当然，企业经评估后的股票价值不能直接用于质押，为应对股价波动所带来的风险，还需要有一个股权质押率。这是债权与股权评估价值的比率，按《证券公司股票质押管理办法》的规定，股票质押率不超过其市值的60%。但在欧美等股市发达的国家，优秀股票的质押率一般在50%以内，普通股票的质押率则大多在20%~40%。实际上，中国资本市场在2007年进入高点，以后的走势则时有波动，有的股价缩水甚至达到了70%，执行《证券公司股票质押管理办法》将对股权质押中的银行债权极为不利。银行可以考虑在融资合同中与企业约定一个强制的平仓标准，以确保自身资产的安全。

辉腾能源和节节高科技的融资模式，以科技型企业的知识产权等无形资产作为支撑，表现出了良好的发展前景。从重庆市的试点看，试点区域有科技型企业5932家。到2018年10月底，共有833家提出贷款申请，重庆市农商行、工行重庆市分行、重庆银行、农行重庆分行4家合作银行，总计审批通过432家企业，申请通过比例达52%，其中有411家已经取得了贷款，其中近1/3（共

126家企业）首次获得银行贷款。从数据可见，这一项目充实了科技型企业的流动资金，这就在某种程度上解决了试点区域内中小型、科技型企业贷款难的问题。而贷款执行基准利率，相对于传统商业信用贷款而言，成本降低了大约50%，这也在一定程度上缓解了科技型企业融资贵的问题。

模式 5：国外银行贷款

案例分析：德富泰面向国内中小企业开展贷款业务

国外银行面向国内中小企业开展贷款业务已有十多年的历史，其渊源还得从中国加入 WTO 说起。当 2001 年 11 月中国加入世贸组织时，中国人民银行确定了国外银行进入中国的时间表。根据这一时间表，从 2006 年开始，外资银行将在境内全面展开人民币业务，没有地域限制，对所有中国客户提供服务。并可在与中资银行相同的审批条件下，开设同城营业网点。

就在这一年，渣打银行、德意志银行、花旗银行等国外银行，都纷纷将目光转向国内中小企业贷款。这些银行看到了占中国企业 99% 的中小企业带来的巨大业务前景。当然 1992 年成立的德富泰银行也不例外，这家银行位于上海浦东，由泰国正大集团、泰国明泰集团、泰国农业银行、德国复兴银行的子公司四方出资组成。实际上，德富泰是较早在国内开展信贷业务的国外银行，业绩也比较好。这家银行在 1992—2001 年主要从事外资企业的服务，从 2002 年开始转为服务境内中小企业。目前德富泰的客户定位包括各类非国有企业、三资企业、国有控股或相对控股的企业，其主要的贷款对象是民营企业。

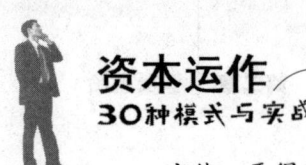

当然，要得到德富泰的贷款还是有一些门槛的，但门槛不高：净资产在30%以上（负债率低于70%），净利润高于2%，年销售收入在5000万～50000万元之间。如果企业没有充足的有形资产做抵押，可用真实的财务报表、诚信记录、预购的设备等来做质押。这里，诚信记录是指在核查一段时间内，所有的贷款都还清了，无不良记录。预购的设备是指设备用贷款购买，当设备买回之后就用作这笔贷款的抵押。例如：从德富泰贷款买价值100万美元的设备，买到的这套设备，就作为这100万美元贷款的抵押。当企业申请国外银行贷款时，可以洽谈用预购的设备做抵押，这也可算是一个窍门。

浙江某纺织企业以诚信记录和预购的国外设备，从德富泰贷款360万美元；浙江另一家从事印染的公司，用诚信记录和预购的某国设备做抵押，贷到600万美元。还有一个上海的例子，有一家在沪外资企业想收购内蒙古的一个加工厂，先是向上海的国内银行贷款，但因为这笔贷款是跨省区的业务，这些银行都不愿意放贷。后来找到德富泰银行，德富泰在考察这一企业的资信和收购项目可行性之后，立即发放了贷款。德富泰在发放贷款时没有区域方面的考虑。这家外企收购内蒙古的工厂之后，经营更有起色，一年之后银行就收回了贷款，获得利息，实现双赢的局面。

案例分析：万科开创曲线境外融资模式

万科曾经为中山的"万科城市花园"项目进行过一次成功的境外融资。提供融资的是HYPO集团（德国房地产融资服务的老大）的下属银行HI，这家银行的总部设在爱尔兰都柏林，核心资产达到 12 亿欧元，手上管理的资产有 1700 亿欧元。HI 给万科的融资仅 3500 万美元，在银行不动产资产中占的份额甚小。

而在法律意义上，这看似一笔股权融资，其实又不完全是。万科将所持中山项目 80% 的股权，转给由 HI 银行设立的 BGI 公司（万科持有 BGI 35% 股权）。因此，当融资完成后，万科仅持有中山项目 48% 的股权，表面上 HI 得到控股权，成为项目的外国直接投资者。不过，按 2004 年 4 月双方合作协议的约定，HI 银行虽拥有中山项目 52% 的股权，但并没有实际控制权。当项目回款之后，万科将以同业拆借利率（LIBOR）再加几个点利息赎回股权。可见，这其实是一笔商业贷款，利率还相当的低。万科用一种曲线融资的方式得到国外银行的商业贷款。不仅仅是利息低，而且这一项目的投资实际上全部来自 HI。而从法律上看，因资金都来自 HI，控股者也是 HI，那么，项目的风险也应该由 HI 来承担。万科只需支付百分之几的融资利率，就可拿到大部分利润，这次融资对万科而言是非常值得的。融资还是以美元做结算，当时的汇率趋势是人民币面临升值压力，而这汇率风险也应由 HI 承担。

万科在当时实际上开创了一个曲线获得国外银行贷款的新模式。整个融资过程的结构虽然非常复杂，但却能很好地满足监管机构的要求，使用的方式完全符合法律规定，由此完成原本无法进行的资金（还是美元）融入，开创出一条新路。

但万科为什么能这么划算地获得境外融资？据说，当时国外资金大多数都看好中国房地产业，愿意进行投资。这次 HI 银行的投资是来华的第一笔，

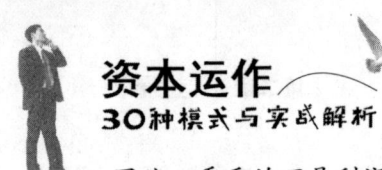

因此，看重的不是利润，而是有一个良好的开端，逐渐积累起人脉、见识、经验等。再就是这样的项目，虽然无法获得高额利润，却具有更好的持续性，更广阔的国内房地产领域发展前景。

对于万科而言，则开辟了一条境外融资的道路，使万科融资渠道更加多样化。国外银行对投资项目的严格细致管理，还将促进万科项目管理水平的提高。例如：如果一个融资项目有42个月期限的话，那么万科的项目计划也得做42个月。但万科的各种项目计划一般只做24个月，在国内已属领先水平。这就对万科的管理提出了相当高的要求，使万科得到一个提高和学习的机会。万科也计划将中山项目的管理方式，作为以后新项目的执行标准。当然，其中也有为以后的境外融资打基础的用意。而且，德国人对合同条款相当认真，高标准严要求，做事情也中规中矩。比如这次的合同规定，工期延迟3个月就是违约，看上去似乎过于苛刻。但对于万科的管理，却有相当好的促进和改善作用。

专家解读：要重视国外银行融资运作

国外银行贷款就是借款人从全球金融市场向外国商业银行寻求贷款的一种融资方式，目的是为某一项目落实筹集资金。一般而言，国外银行的贷款具有如下突出特点：

1. 国外商业银行发放贷款时，尤其看重贷款申请人的诚信。

2. 国外商业银行的贷款多是非限制性的，不限制贷款的币种、不限制贷款金额、不限制贷款用途等。

3. 国外商业银行在贷款的还款方式上，具有相对的灵活性。贷款申请者可根据企业现金流的情况，与银行进行协商，按半年、按季度或按月归还贷款。

4. 国外商业银行的贷款利率一般都比较高。按全球金融市场的平均利率算，软通货币的利率高、硬通货币的利率较低。

国外银行的贷款分为不同期限：短期以一年为限，中期一般 1~7 年，长期贷款则在 7 年以上。还有一种周转贷款，可在规定的期限之内，在借贷和还款之间反复周转。

国外商业银行的贷款种类繁多，一般而言可分为两大类。一是独家商业银行贷款，金额多在一亿美元之内，期限多为 3~5 年。二是多家商业银行的贷款，金额可多于一亿美元，期限也可在 5 年以上。

国外银行的贷款申请一般具有类似的流程。从大的方面可分为申请前准备工作、提出贷款申请、与银行进行谈判、按合同规定提取贷款四个阶段或步骤。

向国外银行申请贷款之前的准备工作很重要。对于中小企业而言，在申请国外商业银行的贷款时，须先提交自己的项目建议书等资料，此后还要经过一系列的审批程序。具体包括：

1. 编写项目建议书。

2. 进行项目的可行性研究，然后编制项目可行性研究报告。

3. 组织对外谈判的队伍，其中包括会计师、律师、市场营销专家、工程技术人员。这与国内贷款的情形很不一样，从国内银行贷款时不需组织谈判团队，但向国外银行贷款的时候，银行会要求企业组成谈判团队，还要求团队中

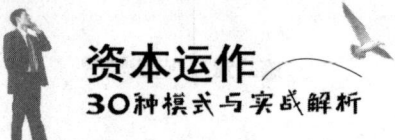

必须有各类专家来参加谈判。同时，还要充分准备向国外银行申请贷款所需的材料和资料。

4.选择好贷款的商业银行作为筹资途径。借款企业应根据金融市场情况、项目具体情况、自身技术和资金实力等多个方面来确定适当的贷款银行。

申请借款的企业，在完成以上准备工作以后，就可以向国外商业银行进行沟通，并提交贷款申请。与此同时，还需要递交以下文件：

1.借款人法律地位的证明文件。

2.律师建议书或法律意见书。这与向国内银行申请贷款时不需要律师建议书不一样，国外银行要求出具这一文件。

3.企业贷款项目的可行性研究报告。

4.企业资产负债表等相关财务资料。

5.国外银行贷款需要的其他文件。不同的银行可能会提出不同的要求。

完成以上步骤后，就可以开始与国外商业银行进行贷款谈判，这当然也是相当重要的一步。这时借贷双方须就有关贷款额、利率、期限、偿还方法、各项费用等事项，进行反复、细致的谈判。经谈判达成共识之后，双方即可签订贷款合同。

最后一个阶段就是借款人按合同规定，一次性或者分期提取所发放的贷款。

模式6：民间借贷融资

案例分析：民间借贷业务需防范各种风险

现在国内的民间借贷从业人员数量众多，但以自有资金对外出借的情况很少，一般都是高贷低吸。2018年5月，公安部、银保监会、国家市场监督管理总局、中国人民银行联合发文《关于规范民间借贷行为，维护经济金融秩序有关事项的通知》。此后，最高法院也发出《关于依法妥善审理民间借贷案件的通知》（法〔2018〕215号）。多部门联合治理民间借贷融资中的不规范行为。有下述严厉打击的重点：

1. 假借民间借贷的名义，达到非法占有受害人财产的目的，即"套路贷"。

2. 套取金融机构信贷资金，再高利转贷。面向在校学生非法发放贷款，发放无指定用途贷款，或以提供服务、销售商品为名，实际收取高额利息（费用）变相发放贷款的行为。银行业金融机构从业人员作为主要成员或实际控制人，开展有组织的民间借贷。

3. 利用非法吸收公众存款、变相吸收公众存款等非法集资资金发放民间贷款。以故意伤害、非法拘禁、侮辱、恐吓、威胁、骚扰等非法手段催收贷款。

4. 各种以违约金、利息、中介费、服务费、延期费、保证金等变相突破或

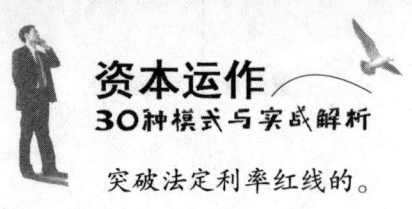

突破法定利率红线的。

5. 未经合法批准的借贷业务。不是以合法收入的自有资金从事民间借贷。

近些年民间借贷融资快速成长，与此同时，暴力催收等非法活动也愈演愈烈，严重地扰乱了社会、经济、金融秩序，阻碍了正常借贷融资活动的发展。这就是这两个《通知》的出台背景。中小企业在寻求民间借贷融资的时候，要注意鉴别，将风险降到最低。

案例分析：民间借贷合同的有效和无效

最高人民法院于2018年8月6日发布了《最高人民法院关于审理民间借贷案件适用法律若干问题的规定》，明确认定了民间借贷合同的效力。其中，有5种合同是无效的（见下述第十四条）。当产生借贷合同纠纷时，需要注意下述3个方面。

1. 本司法解释对民间借贷合同有效或无效的规定：

第九条　具有下列情形之一，可以视为具备合同法第二百一十条关于自然人之间借款合同的生效要件：

（一）以现金支付的，自借款人收到借款时；

（二）以银行转账、网上电子汇款或者通过网络贷款平台等形式支付的，自资金到达借款人账户时；

（三）以票据交付的，自借款人依法取得票据权利时；

（四）出借人将特定资金账户支配权授权给借款人的，自借款人取得对该账户实际支配权时；

（五）出借人以与借款人约定的其他方式提供借款并实际履行完成时。

第十条 除自然人之间的借款合同外，当事人主张民间借贷合同自合同成立时生效的，人民法院应予支持，但当事人另有约定或者法律、行政法规另有规定的除外。

第十一条 法人之间、其他组织之间以及它们相互之间为生产、经营需要订立的民间借贷合同，除存在合同法第五十二条、本规定第十四条规定的情形外，当事人主张民间借贷合同有效的，人民法院应予支持。

第十二条 法人或者其他组织在本单位内部通过借款形式向职工筹集资金，用于本单位生产、经营，且不存在合同法第五十二条、本规定第十四条规定的情形，当事人主张民间借贷合同有效的，人民法院应予支持。

第十三条 借款人或者出借人的借贷行为涉嫌犯罪，或者已经生效的判决认定构成犯罪，当事人提起民事诉讼的，民间借贷合同并不当然无效。人民法院应当根据合同法第五十二条、本规定第十四条之规定，认定民间借贷合同的效力。

担保人以借款人或者出借人的借贷行为涉嫌犯罪或者已经生效的判决认定构成犯罪为由，主张不承担民事责任的，人民法院应当依据民间借贷合同与担保合同的效力、当事人的过错程度，依法确定担保人的民事责任。

第十四条 具有下列情形之一，人民法院应当认定民间借贷合同无效：

（一）套取金融机构信贷资金又高利转贷给借款人，且借款人事先知道或者应当知道的；

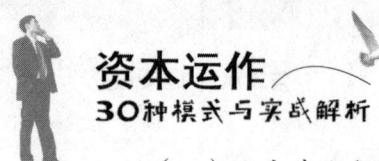

（二）以向其他企业借贷或者向本单位职工集资取得的资金又转贷给借款人牟利，且借款人事先知道或者应当知道的；

（三）出借人事先知道或者应当知道借款人借款用于违法犯罪活动仍然提供借款的；

（四）违背社会公序良俗的；

（五）其他违反法律、行政法规效力性强制性规定的。

2. 民间借贷合同纠纷处理。处理民间的借贷纠纷，包括调解、协商、诉讼、仲裁等多种方式。其中，借贷纠纷处理的诉讼方式尤其值得注意，这是对一种简易法定程序的特指，即法律意义上的督促程序。修订版的《民事诉讼法》（1991年）增设了这项程序。按法律的规定，对数额不大、事实较为清楚的债权债务关系，债权人可向法院申请支付令，直接让债务人偿还所欠债务。

发生合同纠纷是一件无奈的事情。其实，处理纠纷最好的办法就是防患于未然，可从3个方面着手。一是借款人还钱时应拿走借条，或者还款后当面将收据销毁。这就可以避免日后产生不必要的麻烦。二是借钱还款的事情，最好能够有中间人做证明。三是不要随便将钱借给不太熟悉的人。从法院受理的同类案件来看，熟人之间借贷的还款成功率，要远远高于双方不熟悉情况下的借贷。许多陌生人借款后远走高飞，当还款期临近时，到处都找不到这个人。

3. 民间借贷融资具有诉讼时效。由于民间借贷多数发生在亲戚朋友间，许多借款人没有对还款日期给予应有的重视。这就给某些人提供了以拖延、回避、赖账等方式钻空子的机会，以此来恶意逃避债务。按规定，从还款期满的那天开始，3年时间是法定的诉讼时效。如3年之内借款人没有主张债权，3年后债权将得不到法院的保护。对于没有写明还款日期的借条而言，最长诉讼的时效可以达到20年。

专家解读：民间借贷和委托贷款详解

民间借贷融资指的是出资人与借款人在法定金融机构之外进行的融资行为。其中，出资人以获取高额利息为目的，借款人则以支付约定利息的方式取得资金使用权。除通常的借贷之外，民间借贷融资还包括民间有价证券融资、民间票据融资、社会集资等形式。

民间借贷形式广泛存在于全球范围内，存在的历史也相当悠久。在目前的中国，民间借贷金融的规模相当大，并表现出如下特点：

1. 借贷方式有城乡差别，弹性较大，有时利率偏高。就一般情况来看，乡村的利率较城镇低，多见不需付利息的情况。乡村借贷的年息一般在10%~20%，城镇借出的年利率一般为15%~30%，二者差距为5%~10%。城镇民间融资的规模大，乡村民间借贷融资金额小。有一项调查显示：朔州市城镇借贷中高利贷占到80%，乡间借贷只有18%须付利息。

乡村借贷多为互助性质，一般发生在亲朋之间，以口头约定的占多数。而城镇的借贷趋于书面化，多须签署书面协议，条款中包括借款金额、利息、归还期限、违约金、担保人或中介人等。数额大时还须以房屋等财产做抵押。

2. 近些年民间融资主体呈现多元化，规模扩大，增长迅速。融资主体包括

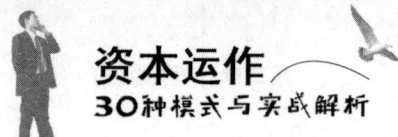

企业与企业、企业与个人、个人与个人等。出资人也表现出多样化,可有工商个体户、公司职员、干部、工人、企业等,甚至还有金融机构工作人员参与民间融资。

3. 融资行为也趋向于理性化。因民营中小型企业的发展,对于民间融资的需求也日趋增长,往往还具有较高的投资回报率,这就拓展了民间融资谨慎选择的范围。这时,与民间融资相关的主体,风险意识都在不断增强,尤其对信誉的要求相当高。这就促使特定民间借贷融资市场准入制度的形成,使违约现象大为减少。但生产性融资的比重不断上升,也明显地抬高了利息水平。

4. 民间融资由以前的隐藏或遮掩,日益变得半公开或公开化,这就促进了借贷行为的专业化发展。这是因为民间借贷融资在社会和经济生活中发挥着明显的现实作用,还具有种种的方便之处,从而在社会公众中获得广泛认同。商业银行个人委托贷款业务的推出和开拓,实施宏观调控的措施后中小型企业资金大为紧张,都使民间借贷融资活动更为活跃。

5. 民间借贷融资的手续简便、灵活,深受那些急需资金的企业和个人的欢迎。调查显示,民间借贷融资的双方多为本地或本乡的亲朋好友,一半以上是个人之间在私下就达成交易。当对方有资金需要时,就按自己的意愿或通过中介,表明借款额、利息、还款能力、资金用途及还款日期,以协议形式或口头承诺得到资金。这样,民间借贷的手续往往只是一个简要的凭据,写明还款金额、利息、日期、借贷双方的名字或名称等就可以,在许多情况下,甚至不需要手续。

近些年来,个人委托贷款方式蓬勃发展。个人委托贷款是指由企事业单位、政府部门或个人等委托人提供资金,受托人(贷款人)按委托人确定的贷款对象、用途、贷款金额、利率、期限等,代理发放这笔资金,并监督资金的使用,还协助收回借出的款项。个人委托贷款是民间借贷模式的一种创新。个人委托贷款有下述特点:委托贷款必须坚持先存后贷的原则;贷款的风险由委托人承担;受托人收取一定的手续费;受托人发放委托贷款时不得代垫资金。

在个人委托贷款行动中,一般都是由包括银行在内的信用机构担负受托人的角色。而银行推出的个人委托贷款业务,就称为银行委托贷款。这时的受托人为银行,在其中起着银行信用中介的作用,为民间的借贷双方牵线搭桥,充当见证人和监督者。现在以一个例子来说明银行委托贷款:当甲要借款给乙时,甲乙二人都与银行签订《委托贷款合同》。甲把资金打入银行,再由银行将钱转借给乙。在前期,银行作为见证人和监督者,将对乙进行调查。而在整个贷款和资金使用过程中,银行负责资金安全的监管,在后期负责本金的追偿。这样,借着银行风险控制的能力,就使程序更为符合相关的法规。

此外,个人委托贷款的借款者,必须为自然人,且具有完全的民事行为能力,能提供有效的合法身份证明。在个人委托贷款中,委托贷款的利率应由借款双方自行协商,最高值不得超过中国人民银行所规定的同期贷款利率及上浮幅度。而银行等金融机构,可按人民银行有关规定在规定的范围内确定浮动利率。

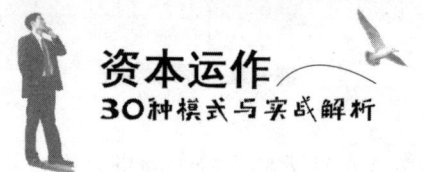

第三章 上市融资

模式 7：国内上市融资

案例分析：杨丽萍文化传播新三板挂牌增值 42 倍

在当今的新经济时代中，中国企业的上市，一般都意味着财富的迅速增值，即使是中小企业也不例外。如云南杨丽萍文化传播股份有限公司（证券简称云南文化）就是如此。2011 年，杨丽萍出资 100 万元，创办了云南杨丽萍文化传播有限公司。第二年 9 月增资到 500 万元，在这新增的资本中，有 150 万元是由深圳市创新投资集团等五家投资商认购的，增资的价格是 20 元／股。到了 2014 年 10 月的时候，杨丽萍云南文化在新三板挂牌，这时公司股本为 3000 万股。就在挂牌上市的 2014 年，云南文化实现净利润 1700 万元，意味着公司股票的市盈率为 42 倍。这就凸显出上市之路的巨大吸引力。

公司挂牌之后，又在 2015 年 5 月进行了一次定向增发，新发行股本为 260 万股，每股的价格为 11.33 元，募集到的资金达到 2945.8 万元，公司股本也扩充到了 3260 万股。如按发行价算，市值达到了 3.7 亿元。2015 年 6 月 23 日起，公司开始转为按规定的做市方式进行转让。到 2015 年 7 月 3 日，公司交易价格为 22 元/股左右，市值达到 7.2 亿元左右。

从上述例子可见，新三板的意义对于中小型企业尤其明显，会给这样的公司和企业带来非常大的好处，在上市融资方面的利益更是无须赘言。现在新三板已不再局限在中关村科技园区的非上市股份有限公司，也不仅仅局限在上海张江、武汉东湖、天津滨海等试点地区的那些非上市的股份公司，而是成为全国性非上市股份有限公司的股权交易平台，主要的对象是中小型企业，甚至微型企业。

案例分析：泸州老窖以上市激励成长

泸州老窖是最古老的白酒之一，位列中国四大名酒之中，被称为"浓香鼻祖，酒中泰斗"。这家国内上市的大型白酒公司（深交所股票代码 000568）的 1573 国宝窖池群，已在 1996 年成为行业内第一家全国重点文物保护单位。国窖 1573 还被誉为"中国白酒鉴赏标准级酒品""活文物酿造"。其传统的酿制技艺又在 2006 年入选第一批《国家级非物质文化遗产名录》，得到"双国宝单位"的美称。

泸州老窖是一家老牌的上市公司，这家企业能得到快速成长，当然与上

资本运作
30种模式与实战解析

市融资有千丝万缕的关系，但也不完全只是融资而已，资本运作还引来内部的股权激励和产业链合作。泸州老窖的国内上市融资与其股权激励是相互促进、彼此推动的。不过，泸州老窖最初实行股权激励的时候，激励对象还不是高管和员工，而是全国各地的经销商。在泸州老窖刚刚推出"国窖1573"时，股票的价格只有5.8元/股，但它给了经销商股票期权，就是让经销商锁定5.8元的认购价来购买泸州老窖的股票，也就是说当股票涨到10元/股时仍按5.8元/股去认购，看到10元仅掏5.8元，使经销商意识到稳赚不赔。所以，实行股票期权的最大好处就是让经销商看到结果之后再投资，让他们得到了实实在在的好处。这也是一种融资。股份价格最初是5.8元/股，现在变成了10元/股，是谁给的呢？一是股票市场给予的，在股票市场中实现溢价增值。二是产品市场给的。但市场要靠业绩，业绩是要靠经销商争取的。产品市场和资本市场是互动着的，经销商不仅可以通过销售产品获得利润，还可以通过股票差价来获取收益，当然就一定会越干越有劲。后来，泸州老窖的股票又由2006年的10元涨到了2010年的76.6元。

但不管股市如何变动，产品市场的拉动还是第一位的，泸州老窖先通过对经销商实行股权激励，将公司的销售业绩实实在在地提高了。就是在这一背景下，泸州老窖又创立了品牌"国窖1573"，进行了文化营销，使其具有非常好的品牌优势。这些都推动了企业的发展。

专家解读：国内上市不仅是融资，也是激励与整合

国内上市融资指的是股份公司按国家《证券法》及《公司法》所规定的要求和条件，经中国证监会的批准或事实上的核准，在国内股市上市发行企业股票的一种融资方式。其目的是筹措发展资金，建立长期的融资管道，并大幅度提高企业的知名度。由此还可以规范内部管理，获取企业长期健康发展的基础，与此同时，又可以借上市聚积起企业更大的无形资产，这将会使人才吸引力大幅提高、品牌关注度快速增高等。企业通过上市，还将使资产的流动性大为增强，这对企业的并购活动有着重大意义。可以将上市企业的股份作为一种支付手段来开展并购，由此吸引国内国际战略伙伴的合作。当然，对于管理层的个人而言，上市也可造就一个由富豪组成的管理团队。

不过，企业上市是需要一些条件的，这就是通常所说的门槛。而近些年来，在总体上企业上市的门槛有下降的趋势。具体而言，以企业在上交所主板上市融资为例，企业在国内上市需要下述的基本条件：

1. 公司的股本在总额上不得少于3000万元。

2. 公司在最近三年没有重大的违法行为，财务会计报告均没有出现虚假记载。

3. 企业的股票经过国务院证券监督管理机构的核准，已经公开发行。

4. 企业公开发行的股份应该达到公司总股份的25%以上。如果企业的股本总额在4亿元以上，公开发行的股份比例应该超过10%。

近些年，国内已经有一些公司在深交所的中小企业板块上市，但对其上

市融资的要求和条件在原则上还是一致的。这主要包括两个方面：一是在深交所中小企业板块上市的公司目前实行"四个独立"的原则，这就是监察独立、运行独立、指数独立、代码独立；二是对于在深交所的中小企业板块上市的公司，目前实行"两个不变"，也就是说，上市发行的标准不变、现行法律和法规不变。

这些年来国内上市融资的门槛有下降趋势，突出表现在新三板上。按照新三板的新规明确规定，在新三板挂牌的公司没有行业方面的限制，一般公司只要符合条件，都可以在新三板上市。而且，有一些公司在新三板挂牌，不需要经过证监会的核准。这包括两个方面：一是非上市股份有限公司的股东人数没有超过200人的情况；二是非上市股份有限公司的股东人数，挂牌后经增资和转让等活动虽使股东人数达到200人以上，但在新三板挂牌之前股东不足200人的情况。当然，上述两种情况，虽然证监会将豁免核准，但还是会被纳入到非上市公众公司监管的范围。这就是说，在监管要求和法律属性方面，这些公司与经过了审批核准的挂牌上市公司并无差别。

那么，一个企业进行国内上市融资，总体上都会经历一个怎样的流程呢？一般而言，股权从诞生的时候开始，就会沿着一个标准的路线图推进。首先是注册公司、取得营业执照，引进有本事的人、资源、资金等。在将天使投资吸引进来后，企业要想有更大的发展，就需要更多的资金，尤其需要引入风险投资。引入风投之后，还需要进一步融资，然后上市。在上市这个环节上，企业又需要经过从改制开始直到上市的复杂程序，要编制股份募集方案，筹备起点上需要的各种资料。

上市以后，股民如果买得多，那么股票就会上涨很多。当然，公司的股票如果没有人买，也是会下跌的。最后，一家公司股票实在没有人买，就会收到退市风险警示（ST），就要做好退市的准备。在企业股权的这一演变过程中，创始团队所承受的风险最大。因为投资者损失掉的最多不过是钱，而创始团队损失的则是时间，这才是最宝贵的。如果花费30年的青春，结果什么都没有搞成，损失将是无法估量的，也是无法挽回的。

从上述泸州老窖的例子可以看到，公司在国内上市的利益还不仅在于融资，还包括由此而来的各种利益，尤其是整合企业所需要的各种资源。比如泸州老窖借助国内上市融资，实施激励和整合的战略。那么，如何将企业的目标伙伴甚至客户变成企业的伙伴，再将伙伴变成股东呢？如何通过股权激励吸引并顺利引进外部投资，并购重组，整合上下游资源，实现企业价值的倍增呢？只有实施了上述激励和整合战略，大家才能更好地抱团，一起奋斗和发展。

充分运用国内上市融资以整合资源，实际上是一个非常重要的问题。因此，对于上市企业而言，需要对股东进行分类，所以股权也需要分多个篮子去卖。用股权整合上下游资源，实施的就是跨界经营。这涉及如下一系列举措，值得深思：

1. 内部的股权激励一般不会超过10%，而怎样发挥另外90%股权的价值，需要进行精心的筹划和安排。由于一些企业家有可能没有一个清晰的概念，于是，股权就捏在几个公司创始人的手中，没有发挥出应有的作用。

2. 应该充分地运用企业的股权去并购同行或是上下游的企业，甚至还可以使用股权来推进连锁加盟。

3.要善于用股权去扩张市场,就如泸州老窖的例子。其中的主要观念是:股权其实也是一种产品。而且,股权还是被绝大多数企业家忽略的产品。实际上,企业除了卖产品赚钱,高手还会卖股权、卖现金流,这样可以赚更多的钱。

4.要注意借助股票挖掘股东背后的隐形资源,这些资源往往是宝贵的,有助于帮助公司实现快速发展。

模式 8：境外上市融资

案例分析：阿里巴巴境外上市的财富效应

阿里巴巴 2014 年 9 月 22 日在纽约证券交易所成功地完成首次公开募股，总规模达到 250 亿美元，成为美国市场历史上最大的募股。强劲的认购需求促使阿里巴巴首次公开募股筹集到了 218 亿美元，其股价飙升了 38.07%。这就是说，阿里巴巴首次公开募股已超过 2010 年中国农业银行创造的 221 亿美元的世界纪录。这一次，全世界的投资者都十分踊跃地购买阿里巴巴的股票，促使承销商使用超额配售权，又追加售出 4800 万股左右。

从融资效果来看，阿里巴巴在美国纽约证券交易所上市，不仅打造了马云这一华人富豪，还推出了几十名亿万富翁、上千名千万富翁，还有上万位百万富翁。与其说这见证了一个伟大企业的出现，还不如说这是一场真正的全球财富盛宴。阿里巴巴集团上市前的注册资本为 1000 万元。当阿里巴巴于美国时间 2014 年 9 月 19 日在纽约证券交易所上市时，确定发行价为每股 68 美元，但首日大幅上涨 38.07%，收于 93.89 美元。而在这背后，有无数的股权投资者

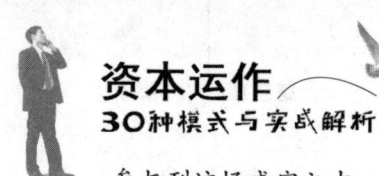

参与到这场盛宴之中。日本软银集团早在20世纪90年代,就对阿里巴巴进行了2000万美元的投资。在这次阿里巴巴上市期间,软银的投资收益达到了34倍。

马云从2010年开始实行合伙人制度,以股权激励凝聚了人心,但还是需要上市融资来使财富增长。2014年在美国的境外上市,立即实现了企业和个人财富的急剧增长,足见企业境外上市的魅力。到了2017年,胡润研究院发布《胡润百富榜2017》,在这一榜上,风头被阿里巴巴占尽。虽然马云以2000亿元的财富居第三位,整个阿里系却有43名股东上榜,较2016年新增加25人。在大阿里系中,大概有50人身价超过20亿元。

案例分析:腾讯香港上市使企业持续飞腾

腾讯公司于2004年6月16日在香港联交所主板上市,瞬间造就了5位亿万富翁、7位千万富翁、数百位百万富翁。腾讯上市前的注册资本为6500万元。在腾讯创业初期,香港盈科数码和IDG各以占腾讯20%的股份的条件向腾讯投资220万美元。这时马化腾及其团队持股60%。

在2001年6月,盈科以1260万美元的价格将自己所持腾讯控股的20%的股权,悉数卖给MIH米拉德国际控股集团公司。在这一过程中,盈科获得了近6倍的股权投资收入。如果觉得这组数字不够有诱惑力的话,那么,腾讯2004年6月在香港挂牌上市,股票上市票面价值以3.7港元发行。到第二年,腾讯控股开始发力骤升,年底的时候,其股票价格便收在8.30港元左右,年涨幅达78.49%。而到2009年,腾讯控股以237%的年涨幅成功登上了100港元高峰，成为香港股市的亮点，为全球投资人所瞩目。数年之后的2012年2月，腾讯股票已站到200港元之上，此后更是新高不断。两年后的2014年3月，腾讯股价一举冲破600港元大关。

境外上市的融资效应之大是不言而喻的，甚至投资人也大获其利，使自有资本大增。例如，南非的MIH米拉德国际控股集团公司，由于早期接受了IDG和盈科数码转让的股权，就在腾讯市值增长中，获得了数十倍的股权投资收益。

专家解读：境外上市融资

境外上市指国内的股份制公司在海外证券交易所公开上市，通过股票市场向境外的投资人发行股票。实际上，境外上市有着其颇具特色的优势，比如审批程序更简单，适用法律更容易得到各方的接受，股权运作更方便，可有税务豁免，可流通股票的范围广等。当然，企业在境外上市最主要的目的，还是想从国外资本市场融资。因此，这些年来，国家一直都鼓励具备条件的企业，到境外合适的证券市场去上市融资。

从上述的实例可见，在不同的境外股票市场上，买家的人气和财力还是存在着高低之分的，但大体上都能使新上市的公司价值大增，这也等于是获得了企业和投资者所渴望得到的融资。如果将阿里巴巴和腾讯境外上市的例子进行比较，可以发现，虽然腾讯上市之初在势头上不及阿里巴巴，但企业还是增值不少，后劲很大。这都表明境外上市是大手笔的融资。不过，境外上市还是

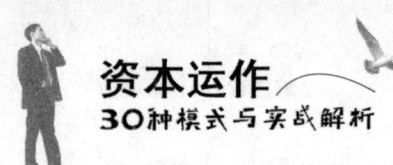

存在着门槛的,想在境外上市的企业应该做好充分的准备。以香港证券交易所的主板市场为例,在香港主板上市,主要是为基础较佳、有盈利记录、较大型的企业融资。香港主板上市有如下基本要求:

1. 最低的公众持股量应达到25%。但发行市场超过40亿港元的,最低公众持股量可以降低到10%。

2. 公司在上市的时候,市值必须达到港币1亿元。

3. 公司上市前三年的合计溢利,需要达到5000万港元,而最近一年的溢利,必须达到2000万港元。这里所说的溢利指的是企业利润总额。

4. 三年的业务记录期,必须在基本相同的所有权和管理层之下进行营运。

5. 在上市的时候,必须至少有100名股东。同时,每100万元港币的股票发行额,必须由3名或3名以上的股东持有。

6. 必须做出包销的安排。这就是说,要公开发售以供投资人认购,还必须全面地包销。

7. 要满足信息披露的要求,即一年两度公开做出财务报告。

大体上而言,国内企业境外上市的方式有直接上市和间接上市两种模式,其中,间接上市又可以分为造壳上市和买壳上市。从在美国上市的程序来看,境外上市的流程或步骤一般可以分为10个阶段,分别是初步洽谈、签署《委托境外上市意向书》、递交《境外上市推荐报告》、进行综合及财务尽职调查、签署委托上市合同、财务的境外审理、规范标准的境外文件制作、境外申报、首期的私募融资(PIPE)、上市后工作。

境外的股票市场众多,但比较适合国内企业上市融资的主要有下述几个,可以根据企业的实际情况进行选择：

1. 香港交易所主板和创业板。香港交易所简称港交所，全称为香港交易及结算所有限公司（Hong Kong Exchanges and Clearing Limited，HKEx），是一个世界级的主要交易所集团，又作为控股公司在香港上市。港交所在伦敦也有营运中的交易所，属下的成员有香港联合交易所有限公司、香港中央结算有限公司、香港期货交易所有限公司、香港期货结算有限公司、香港联合交易所期权结算所有限公司等。香港交易所旗下还包括伦敦金属交易所（London Metal Exchange，LME）。这是一家全球一流的基本金属市场。在2018年4月24日，港交所宣布了IPO新规，允许还未盈利的生物科技企业来港上市，并允许具有双重股权结构的公司在港交所上市。这被看作是25年来港交所最具重大意义的IPO改革，尤其是同股不同权的新规成为令人瞩目的焦点。2018年，港市新股融资额又一次位居世界第一。

香港创业板市场实际上是上述主板市场外一个独立的新股票市场，于1999年11月25日成立。香港创业板与主板市场具有同等地位，不低于主板或相关配套市场。但在监管方法、内容、上市条件、交易方式等方面都与主板市场差别很大。创业板的宗旨是向所有有增长潜力的新兴企业提供筹资渠道，其创建对香港特区及中国内地的经济都产生着重大的影响。香港创业板的长远目标是想发展为亚洲的纳斯达克，成为一个自主、成功的市场。

2. 新加坡交易所。新加坡交易所（Singapore Exchange，SGX）成立于2000年11月23日，这是亚太区第一家集证券及金融衍生品交易于一体的股份制交易所，也是亚太区首家经由私募配售及公开募股方式上市的交易所。新交所股

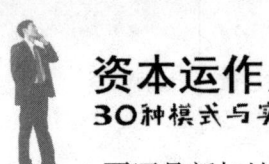

票还是新加坡海峡时报指数(STI)、摩根士丹利新加坡自由指数（MSCI）等基准指数的构成部分。

3. 美国纽约交易所和纳斯达克。纽约证券交易所（New York Stock Exchange，NYSE），地处美国纽约州纽约百老汇大街18号，其起源可追溯到1792年5月17日的梧桐树协议。在2006年6月1日的时候，纽约证券交易所与泛欧证券交易所合并形成现在的纽约证交所－泛欧证交所公司（NYSE Euronext）。纽交所有两个第一，即IPO市值及数量第一（2009年）、上市公司总市值第一（2009年）。2005年4月底，NYSE又收购了全电子证券交易所（Archipelago），从而成为营利性的机构。

全世界有2800多家公司在纽交所上市，市值达到15万亿美元。有30家位于道琼斯工业平均指数中的公司在NYSE上市（2004年7月），但微软和英特尔不在其中。世界品牌实验室于2018年12月发表《2018世界品牌500强》，纽约证券交易的排名在第372位。

纳斯达克（NASDAQ）于1971年创立，其全称是美国全国证券业协会行情自动报价系统（National Association of Securities Dealers Automated Quotations），这是由纳斯达克股票市场公司操作和拥有的一家电子证券交易机构。NASDAQ现已成为全球最大的股票市场之一。在世界品牌实验室2018年12月编制的《2018世界品牌500强》中，NASDAQ的排名为176名。

4. 伦敦交易所。伦敦交易所全称为伦敦证券交易所（London Stock Exchange，LSE），成立于1773年，位于英国伦敦，用英镑做交易。重要指数包括富时100（FTSE100）、富时250（FTSE250）、富时350（FTSE350）。伦敦交易所是全球四大证券交易所之一，又是全球最为国际化的一个金融中心。伦敦不仅是欧洲外汇交易及债券领域的世界领跑者，还受理了超过 2/3 的全球股票承销业务。实际上，伦敦交易所经营着全球最强股票市场，其国外股票交易量超过世界任何证交所。

伦敦交易所旗下还拥有多伦多证券交易所创业板、多伦多证券交易所、Shorcan 经纪有限公司、蒙特利尔交易所、蒙特利尔气候交易所等，还拥有 CanDeal 公司 47% 的股权。

5. 德国证券交易所。德国证券交易所（The German Stock Exchange）的前身是法兰克福证券交易所，成立于 1992 年。其每日的交易量仅次于伦敦证券交易所，是欧洲最有活力的证券交易市场。在欧洲，德交所上市的费用最低廉，仅需 5000~10000 欧元。

德交所的上市标准分为初级市场、一般市场、公开市场、高级市场 4 个层次，相当于 4 个监管和信息披露层次不同的上市板块，与不同的市场需求相适应，可以按企业生命周期的不同位置做选择。

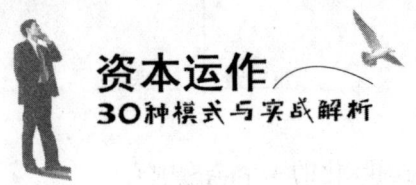

模式9：买壳上市融资

案例分析：浪莎集团买壳上市促增长

买壳上市是为实现从资本市场融资的大手笔操作。买壳上市有不少典型的案例，如国美电器、浪莎集团等的上市操作。现在我们来看浪莎集团买壳上市的案例。浪莎集团于1995年成立，拥有"国家免检产品""中国驰名商标""中国名牌产品"等称号。还是国内内衣行业内仅有的一家拥有"中国内衣第一股""行业标志性产品"等称号的企业。目前浪莎旗下已经有宏光针织、蓝枫袜业、浪莎房地产、立芙纺织等7家下属企业，安徽浪莎、四川浪莎2个子公司和15家销售公司，还有5家海外贸易公司。由此浪莎也就成为业内排名第一的最大品牌。

从2001年开始，浪莎集团管理层就有意进入股市，通过资本市场的融资，来加快自身的增长。同时，四川长江包装控股股份有限公司是一家位于四川宜宾的上市公司，股票简称S*ST长控，这时正处在濒临退市的边缘。从1998年4月上市后仅仅375天，S*ST长控就被戴上ST的帽子，成为那时深沪两市1000余家上市企业中，由上市至ST历程最短的一家企业。因此，S*ST长控正努力寻找着合适的重组合作方。

在与西藏天科实业（集团）有限责任公司、四川泰港实业（集团）有限责任公司第一次重组失败以后，原来ST长控的名称上又被加上星号，变成*ST。这就使S*ST长控具有了更加强烈的重组愿望，更为急迫地寻找重组合作者。由此也可见，S*ST长控是一家非常典型的壳公司，值得收购。而浪莎集团看中S*ST长控作为上市的壳公司，可以说目光是非常精准的。

浪莎买壳上市的过程相当顺利。在2006年9月1日，S*ST长控发布了一个公告：四川国资委授权宜宾市国资公司与浙江浪莎控股有限公司签订了《股权转让协议》，浪莎受让四川国资委拥有的全部34671288股国家股，占到总股本的57.11%，从而浪莎成了S*ST长控的控股人。这时浪莎集团买壳上市的办法主要是有偿转让股权。

到了第二年的2月8日，中国证监会正式批准了S*ST长控向浪莎控股公司定向增发10106300股，每股价格6.79元，用来购买浪莎控股公司拥有的浙江浪莎内衣有限公司100%的股权。这一动作，意味着浪莎买壳S*ST长控已间接上市取得了成功。

一般而言，买壳上市的操作过程具有买壳、清壳、注壳三大步骤。清壳是指将壳公司的债务、人员、资产全部剥离到第三方，即债务、人员、资产清零。不过，在浪莎买壳上市的这一案例中，实际上不包括清壳的步骤。浪莎买壳上市过程中的买壳、注壳步骤如下：

1.买壳过程。这是非上市企业通过购买的方式取得上市公司控制权，也就是购买到上市的壳公司。四川国资委授权宜宾市国资公司与浪莎控股签订《股权转让协议》，浪莎控股受让四川国资委所持34671288股国家股，由此成

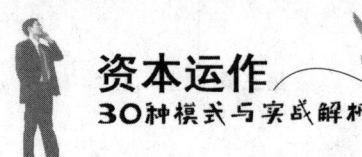

为S*ST长控的控股者。这就是浪莎控股买下S*ST长控这个壳。在买壳之前，S*ST长控虽是一家上市公司，但经营状况却相当差，只能期待其他公司的收购，由此而注入资产，这就像壳一样。浪莎受让四川国资委所持S*ST长控的股份以后，资金转到四川国资委，而控制权转移到浪莎手里。

2.注壳过程。注壳指的是上市公司（壳公司）向非上市企业购买其全部或大部分资产，这就将非上市企业的资产放置到壳公司，由此实现非上市企业的上市。在浪莎买壳上市的这一案例中，S*ST长控首先向浪莎控股公司定向增发股票，获得资金用来购买浪莎控股公司手里的浪莎内衣100%的股权，由此实现了浪莎的非上市资产注进上市的壳公司S*ST长控。这就实现了非上市资产上市，浪莎买壳S*ST长控取得间接上市成功。

这也是一个回购过程。回购之后，这家上市公司更名为*ST浪莎。到了2008年6月12日，*ST浪莎摘掉"ST"这顶帽子，改名为浪莎股份。

案例分析：盛大酷6借壳海外上市

盛大酷6借壳华友世纪完成上市，堪称买壳上市融资的又一范例。在2010年6月1日晚间，盛大网络（Nasdaq：SNDA）联袂华友世纪（Nasdaq：HRAY）做出一个公告：盛大网络与华友签署正式协议，华友将以自身4.15亿元普通股作对价，购买盛大网络的在线视频业务盛大酷6。盛大网络则将以3690万美元的现金作对价，购买华友世纪的无线增值服务及音乐业务。扣除现金余额等部分之后，华友世纪被收购之后的净收购价大约在1100万美元。

这一借壳上市的操作在前一年即已开始运作，这一年7月，盛大购买华友世纪51%的股权，价格4620万美元。在4个月之后，盛大网络又用4400万美元将酷6买下。此后，盛大网络与华友世纪进行了上述对价换股交易。此项换股的结果是华友世纪原有业务被转移出去，而酷6被塞进华友世纪，成为华友的唯一业务。通过这一系列的运作，酷6成功借壳华友世纪，成为国内首家在美国纳斯达克独立上市的视频网站。

专家解读：民营企业可买壳上市

买壳上市又被称为逆向收购或后门上市，就是说，非上市企业购买某一家上市公司一定比例的股权，借控股以获得上市地位，再注进自身的资产和有关业务，由此间接地达到上市目的。买壳上市一般是民营企业争取上市的一个较佳选项。

在浪莎集团的例子中，经营不善的S*ST长控是一个相当好的壳公司。从1997年后，沪深股市已经有了100多起资产重组的实例，其中的壳公司多具有以下共同特点：

1.壳公司的股本规模小。这些小盘股的股本扩张能力较强，相应的购买成本较低。尤其还具有流通盘小的优势，容易在二级市场进行炒作，且获利的空间比较大。

2.股权相对而言较为集中。这时谈判所涉及的目标公司少，与一家公司商谈，当然会比与多家企业同时谈要容易得多。但在二级市场收购的成本较高，

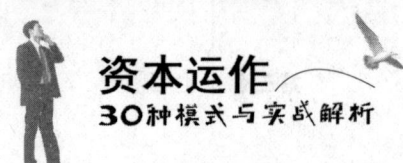

一般都会采用股权协议转让的方式进行操作。当股权相对集中时，也更具有保密性，容易协议转让，这为企业在二级市场进行炒作创造了一些条件。

3. 目标壳公司具有配股的资格。按证监会的规定，上市公司连续三年平均净资产收益率高于10%（最低也需6%）才具有配股的资格。而配股融资是买壳上市的一个主要目的，如企业失去配股的资格，当然就失去了买壳上市的必要性。

4. 最后是壳公司所在行业大多不景气。如冶金业、纺织业、零售业、农业、食品饮料等行业，因为本行业缺少增长的机会，就只好另谋生路。在这种形势下，企业的政府主管部门和股权持有人都想尽快退出。

有一些大型企业是借着买壳上市实现企业的进一步发展。如中国远洋运输集团，通过在海外多次的买壳上市操作，成功地控股了许多优质企业，如中远国际、香港中远太平洋等。中远集团（上海）置业发展有限公司还拿出1.45亿元资金，用协议方式一次性买下上海众城实业股份有限公司占股28.7%的发起人法人股，从而实现控股，进入到国内资本运作市场中。

但有一些企业以买壳的方式上市，只是为了节省上市成本。这是因为收购方通过买壳上市，还可以得到以下好处：

1. 节约上市筹备时间和减省工作事项。在买壳上市的过程中，如未涉及将大量的资产剥离或注入到上市公司，或是改变企业主营业务，收购人能够避免做大量与申请上市相关的工作，如三年评估报告、会计报告、编写招股书、盈利预测、重组事项等工作，这样的买壳上市，较通常的申请上市可以节省数月的时间。

2. 节省中介机构的费用。因收购上市所需时间和工作量均较通常申请上市少，所需支付的中介机构费用一般而言也要少许多。在费用上须注意一点：一般股市低迷的时候，需支付的上市企业控股溢价较低；但如果股市处在牛市，上市企业的控股股东就会要求更高的控股溢价。对于此种情况，收购人应该衡量这样的溢价合理与否，并结合时间花费和成本付出做出适宜的决定。

3. 对企业资产项目的要求较灵活。许多想上市的企业，可能自有资产或其他方面暂时未能完全满足上市规章内关于申请上市的要求，例如，在大体相同的管理层之下运作三年之久、港市中三年的盈利水平未达到最近一年2000万港币及此前两年总计3000万港币水平。在这种情况之下，想上市的企业无须经过长时间等待，以使资产满足上市规则规定的要求，而是借着收购一个已上市的企业实现在较短时间内上市的目标。

当然，总体而言，民营企业在没有希望直接上市的情况下，可能会做出买壳上市的无奈选择。与直接申请上市相比较，在上市成本和融资规模方面，买壳上市都存在明显差距。但是，买壳上市为公司带来的收益在性质上与直接上市还是相同的，上市收获主要体现在形象和资金两个方面，只是在收益上相对较低，打了一个不小的折扣。

实际上，深沪股市虽然已有100多个买壳上市的事例，但成功率还是不高。前面谈到，买壳上市的成本可能较低，但这一优势也并不总是存在，因为买壳上市的成本，在总体上却是逐年上升的。在1997年每项买壳上市的平均

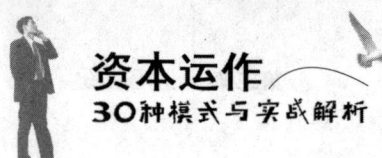

成本仅为 6000 万元，第二年就升为 1 亿元。就目前的情况看，企业也应该考虑一下买壳上市的不利方面，就是成本与收益的比较，也就是收益、成本比是否能达到使人满意的水准。

第四章 内部融资

模式 10：留存盈余融资

案例分析：内部融资也能使企业快速成长

留存盈余融资是一种企业内部融资，就是将利润用于企业的资金投入。在国内的中小型民营企业中，留存盈余融资是相当普遍的，一般情况是资金结余未进行分红，都用在再投入方面了。中小企业以这一模式融资，虽是现实情况使然，却是一种很符合企业实际的融资模式，效果相当好。有这样一个例子，有一家股权制公司，由7名创始人发起设立，每人投入资金情况如下：刘先生120万元、张先生120万元、陈先生120万元、林先生120万元、钱先生80万元、朱先生80万元、凌先生80万元。总计投入720万元，分为360万股。

从2016年开始，每年盈利情况如下：2016年每股获利3角，2017年每股获利6角，2018年每股获利9角。这样一算，刘先生3年获利：18万元+36

万元+54万元=108万元。张、陈、林先生的收益情况与刘先生相同。钱先生3年的收益为：12万元+24万元+36万元=72万元。朱、凌先生的获利与钱先生相同。三年以来，这家公司股东的股息共有648万元，没有进行分红，全部都作为留存盈余融资，投入到企业的经营中。这些股东没有得到分红，看起来似乎是一个损失，其实不然。由于公司净资产增长，就相当于投资在增加，以后，必然会得到更多的投资收益。体现在股票价格上，也会从最初的2元有成倍的增长。

对于一家企业而言，不发展就意味着停滞，企业会越来越弱，接下来就会在竞争中越来越被动，最后可能只好关门大吉。

因此，企业要发展，股东在一开始就要考虑好分不分红、分多少等问题，发展势头好时，最好是将企业利润再投入到企业中。通常的情况，一个家族企业在开始时能够快速地发展，大概与这个问题处理得好很有关系。自己就能说了算，将利润转为投资。但在合伙办公司的时候，问题就来了，投了钱就想快点回收。辛苦地做了一年，投了不少的钱，看着利润真不少，急着要分掉。这个时候，大家就要形成一个共识，要看到留存盈余融资的好处。因为企业如果只想在原规模上运作，开始时还可以有分红，还可以把收回来的利润分掉，但越往后就越不妙。别的企业都在成长，自己却不想成长，不进步就会退步，必然的结果就是被淘汰。如果合伙人在一起开了一个店，几年以后还是一个店，但附近的那家店先是变成一个小超市，后来又变成一个大超市，自己的店还有生存空间吗？

实际上，钱投到自己的企业中，还是自己的，跑不了，还可以通过留存盈余融资将企业做大、做强。何乐而不为呢？

案例分析：台积电的留存盈余融资

台湾积体电路制造股份有限公司简称为台积电，从创始以来，历经十多年的发展，公司的盈余积累越来越多。这与公司一直以来用股票股利的形式支付利润有关，这是一种留存盈余内部融资方式，使台积电拥有充足的运作资金。

至 2003 年末，台积电公司已经有短期投资加现金 1107 亿新台币。根据财务的预计，下一年还将赚到 900 亿新台币，但计划的当年支出只有 650 亿新台币。台积电的管理层这时看到，可以将盈余的一部分以现金形式支付股息。因此，公司决定，调整原来单一的股票股利支付方式，2004 年的股利采用现金与股票相配合的方式分配，现金股利 0.6 元新台币，股票股利 1.4 元新台币。总的现金股利支付达到 121.59 亿新台币，这一举措受到广大股东的欢迎。台积电的案例说明，通过留存盈余融资，企业可以获得相当充裕的资金。台积电的案例还说明，留存盈余融资的关键在于能确定合适的留存比率，实际上，在公司初创之时，留存比率甚至可以达到 100%，但随着公司的发展，公司的资金越来越充裕，这时候，就应该看到留存比率不应该太高。因为投资者的现金投资回报太少，对于维护公司良好的财务形象不利，使人对公司的盈利水平产生不良印象，将对公司未来的外部融资不利。台积电将这一比例定在 70%。

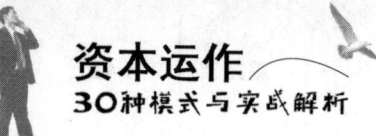

留存比率过低也不好，涉及个人税负。按中国税法的规定，如果以现金形式做股利的分配，就需缴纳个人所得税。但以股票等资本的利得为收益时，一般只需缴纳1%的印花税，税率相当低。因此，许多长期投资人常常更愿将所得到的股息存留在公司里，用作再投资。

专家解读：留存盈余融资和股利分配

留存盈余指的是企业在缴纳所得税之后，产生的所有权属于企业股东的未分配利润。将这些利润又投入到本企业的运作之中，就是留存盈余融资。实际上，这是一种资金来源于企业内部的融资，属于一种内部融资模式。纵观企业的发展历程，留存盈余的融资方式往往成为企业创业和成长阶段首选的融资方法。尤其企业在创业初期只有较小的规模，盈利不多，有时候还为负值，想得到银行和机构的外部融资，往往困难重重。那就只有借助留存盈余融资，来得到风险较小、自主性更强的资金。

企业通过生产经营获得的利润，没有以现金股利形式分给股东时，就形成留存盈余。一些企业历年以来累积的数量不小，因而又被称为累积资本。这种融资方式与股东的股利分配方式大有关系，往往通过对股东配股的形式表现出来。而在一个企业中，按股利支付股息或股利时，可按分红比例的高低进行分类，有低股息、高股息之分，还可以有不支付现金股息的类型。有时候，在一段时间内，企业支付股息存在着变动，那么就可以按股息变动的情况进行分类，可分为变动式股息、阶梯式股息、稳定式股息等。当企业分配出去的利润越多时，留存盈余相应就越少；反之，分配出去的利润越少时，留存盈余就会越多，能用于留存盈余融资的资金就越多。留存结余融资具有财务成本低、手续简便等特点，还具有增强企业内部凝聚力的良好作用。而且，企业运用这种融资方法，不存在股权分散和债务风险。

实际上，企业的留存盈余不仅是直接的融资源头，常常还是提高企业外部融资力的前提条件。当企业的资本预算中内部融资占到主导位置时，就对投资人和金融机构形成相当大的吸引力。尤其是那些很有发展前途的高技术企业，企业股东大多愿意为获取长期收入而放弃现金股利分红，或是少一点现金股利分红而增加持股量。

股利的分配深受企业留存盈余融资需求的影响，或者说，与企业累积资本的使用息息相关。这些资金需求就形成了企业中影响股利分配的资本结构，也就是说，企业的股利分配方案是在资金成本和投资需求的双重作用下形成的。主要有下述几种股利分配方式：

1. 正常时较低股利与额外股息相结合。在这一股利政策下，每年企业只需支付数额较低的固定股利，而在盈余较多的年度，又按实际盈利发放给股东额外红利。这额外的部分是变动的，甚至在某些年份是不存在的。

这一股利分配方式使企业有较大的灵活性。在投资多或盈余少的年份，只有较低的正常股利；在盈余有大幅增加时，又将酌情增发股息，将企业发展带来的部分利益带给股东，可使其增强对企业的信心，这将有助于稳定股价。对于靠股利生活的那些股东，因为每年都有虽然较低但又稳定的股息，可产生一些吸引力。

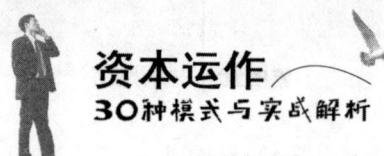

2. 剩余股利分配方式。这一方式是在企业有良好的投资机会时，按最佳资本结构或某种目标资本结构，算出投资所要求的权益资本数量，先留存所需盈余，再将剩下的盈余用作股利分配。剩余股利的分配方式，表明企业只是将剩余盈余用在分配股利上。这就使平均资本成本降到最低，保持了适宜的资本结构，保证了留存盈余融资的需要。

3. 固定股息比率的股利分配。这一分配方案指企业长期以固定的股利占盈余比率来支付股息。因此，每年的红利额都会随企业的经营情况上下波动，在盈余较多的年度股利高，而在盈余较少的年度股利低。

这一分配方式当然能让股利和企业盈余紧密相连，做到少赚少分、不赚不分、多赚多分。但因企业各年度股利变动大，会形成企业不稳定的印象，不利于稳定股价。

4. 固定加稳定增长的股利分配方式。这一股利分配方式是将各年的股利发放稳定在一个固定水平，且在较长时间内不改变。而在企业未来盈余出现不可逆的显著增长时，提高各年度的股利分配额。

采用这种方式，为的是防止企业因经营出现不佳而减少股利。使用这样的股利分配方案，可通过股利的稳定向外界传递企业发展正常的信息，树立起企业良好的形象，增强投资人对企业的信心，从而稳定企业的股价。而稳定的红利额还有助于投资人安排股息的支出和收入，尤其对高度依赖股利的股东更是这样。在股市上，那些股利忽低忽高的股票，一般不会受这类股东的看好，这就会造成企业股价的下跌。

模式 11：票据贴现融资

案例分析：票据贴现使资本多倍膨胀

甲企业是一家机床生产厂，乙是一家加工装配企业。乙因为海外市场的订单剧增，产生扩大生产的需要，急需从甲那里购买价值700万元的生产设备。不过，由于乙企业这时出现流动资金紧张的情况，无法以现款进行采购。

经过甲乙双方的协商，乙企业交给甲一张票面价值700万元的汇票，这张经由银行承办的承兑汇票期限为6个月。乙因此从甲企业得到了急需的设备，但这张汇票的流转并不仅仅是停留在这一环节上。在6个月的时间里，这张汇票经过了6次转手，也就是经过了6次模拟资本操作，此后，又比期限提早半个月到银行办理了这张汇票的贴现。整个过程如下：

1. 乙企业要买甲企业的机床等设备，但乙手上缺少现金，就是说账面上一时缺钱。于是就给甲开了这张700万元的银行授信承兑汇票，交给了甲企业。甲企业作为一家机床制造厂家，收到汇票后就将设备卖给乙。

2. 但甲企业也需要资金购买原材料来生产设备，没有收到货款怎么采购呢？甲企业就将这张汇票交给丙企业，从丙这里买了所需的原材料。

3. 丙企业也需要钱来采购，付给甲700万元的货但没有收到现金货款。于是，就将这一张承兑汇票交给供货方丁企业。

4. 此后，丁企业拿着这张汇票两个月，因需要现钱做生意，就将汇票给了戊企业。

5. 戊拿到这张汇票不久，也因为从己企业采购商品和服务需要资金，就将这张汇票给了己。

6. 己企业拿到这张汇票后1个月，又因为企业需要资金做周转，要将汇票转为现金。己企业就到银行那里兑现汇票，在甲企业的帮助下，己得到了自己需要的现金，因这是一张银行签字承兑的汇票。这时较汇票期限还提前了半个月。

在这一事例中，从乙企业开出汇票，到甲企业帮助己提前到银行兑换出700万元的现金，6个月内操作了6次，相当于使用了3500万元资金。从理论上说，这张700万元的承兑汇票，就是一个虚拟资本，经5次流转就变成了3500万元。

实际上，案例中的6家企业手上都没有现金，但都使用了这张700万元的汇票做支付，相当于用明天的资金赚今天的利润，在6个月内都做了自己想做的交易，获得了自己预期的收益。700万元的虚拟资本增长了5倍。对于银行而言，也赚取了汇票的贴现利息。

按照《中华人民共和国票据法》（以下简称《票据法》）第二十七条的规定，票据持有人可以将汇票的权利转给别人，或是依据《票据法》的规定，将指定的汇票权利转授给别人去行使。这就是汇票的背书，一张汇票可背书，也可不背书，背书不可转让的汇票就不可以转让。未做背书的汇票，都是可以转让的。这些是汇票使用者需要注意的。在这个例子中，700万元变成了3500万元，这是虚拟资本合法合理运用的结果。企业的经营者应该对这些虚拟资本做透彻的研究，运用得熟练，还可以合法地做更大倍数的放大，6倍、8倍、10倍都可能。实际上，中小型企业也完全可以使用这一方式，使企业获得盈利。

在这个例子中，6个月以后的钱，被用来做了6笔商业交易，所有做买卖的企业都得到了自己的收益。本来都没有现金，现在却都有了钱，这也相当于从银行融资，就是通过汇票这虚拟资本进行的票据贴现融资。

专家解读：值得运用票据贴现来融资

票据贴现融资又称为票据融资，指的是票据持有者在资金缺乏的时候，将持有的商业票据转让给商业银行，银行则根据票面金额扣掉贴现利息以后，将余额付给持有人的一种银行授信业务，这也是公司为加速自身资金的周转推进商品交易，而对银行提出的金融要求。票据贴现之后，贴现的银行就拥有票据的所有权，当票据到期以后，贴现银行就可以依据票据向承兑银行收回票款（票面金额）。

票据贴现融资的方式有许多好处，最显著的是银行可以不按公司资产的规模来放款，而是按照销售合同或市场情况来进行放款。而且，从公司得到银行票据至票据到期兑现的时间间隔，常常是数十日到6个月（电子商业汇票

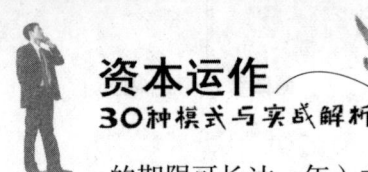

的期限可长达一年）之久，这一较长的时间可以说是资金的闲置期。拥有商业票据的企业，如能充分应用票据贴现融资的方式，较之申请银行贷款，不仅手续上极为简便，融资的成本相对也很低。当票据贴现的时候，持票人只需要拿上相应票据到银行去办理手续就可以了，一般来说，3个营业日之内就可以办妥，对企业而言，这等于是用明天的资金赚到今天或后天的钱，此融资方式尤其值得中小型企业在经营活动中积极地加以运用。在普通的贷款业务中，国内广大的中小型企业常常因资本规模较小，或是无法找到合适的担保人，就无法贷到急需的资金。票据贴现不需要担保，也不受资产规模的限制，这就决定了票据贴现对于中小企业更加适用。

票据贴现融资还具有利率低的优势，其贴现的利率按人民银行确定的范围，经企业与贴现银行协商以后决定。实际上，票据贴现利率一般都比银行的商业贷款利率低很多。融资成本既然下来了，公司使用这种融资方式获取的利润相应就提高了。票据贴现这一银行业务，可为持有票据的人快速地兑现手里没有到期的票据，因而深得广大中小型企业的欢迎。

票据贴现实际上是一种实用高效的融资手段。企业预先获取银行垫付的融资款，借以加快企业的资金周转，从而提高资金的利用效率。而与一般的银行贷款相比较，票据贴现在概念上是不同的。票据贴现是一种应付及应收商业票据的贴现，也是公司筹集资金的一个渠道。银行贷款则指商业银行按照国家的政策，以某种利率将资金发放给资金申请者，同时约定归还期限的一种融资行为。在一般的情况下，需要提供房屋抵押、担保等，或是要求个人资信良好、收入证明等进行申请。

与银行的贷款相比,票据贴现的资金使用范围也不同。当商业票据的持票人贴现票据之后,就具有了资金完全的使用权,可按企业自身需要来使用这一笔贴现的资金,完全不会受贴现公司和贴现银行任何制约或限制。而借款者使用银行贷款的情况就大不一样了,必须受到贷款银行的监督、控制及严格的审查。这是因为企业对贷款资金使用的情况,与银行是否能顺利地收回贷款有着直接的关系,银行要保证贷款资金得到了有效的使用。

在实际操作上,票据贴现与普通的银行贷款也是不同的。公司在应收的票据到期之前,应对票据进行背书之后交给银行贴现。银行则将票据到期的价值,扣除按贴现率算出的贴现折价,即银行根据市场利率预告所扣除的借款利息,将余款(票据所具的现值)付给公司。这样的票据贴现,又被称为应付票据贴现。

具体而言,在实际的票据贴现融资操作过程中,票据贴现与普通银行贷款相比较,还表现出以下的一些特点:

1.票据贴现融资的风险较低。商业票据一般是以实际商品的交易作为基础的,在这一交易中产生的销售收入,可作为债务人将来还款的可靠来源。当票据到期的时候,出票人或承兑人必须无条件地付款,如果没有到期付款,贴现银行将会对票据所有的背书人进行追索。

2.票据贴现融资的期限短。一般票据贴现的最长期限不应超过6个月,但电子商业汇票的期限可以长达一年之久。

3.票据贴现融资的信用关系,所涉及的当事者与普通贷款不同。票据贴现涉及贴现申请人、承兑人、背书人、出票人、贴现银行等关系。普通贷款则涉

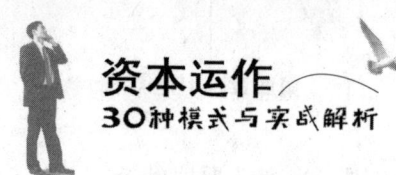

及借款人、保证人、银行间的彼此关系。

4.贴现银行可以做到资金的快速回笼。当票据贴现之后，贴现银行可将票据交到人民银行申请再贴现或是进行转贴现，由此实现票据资金的快速回笼。

5.票据贴现融资是先扣除利息，然后放款。普通贷款则是先发放贷款的本金，然后定期计收贷款利息，或是在贷款到期后利随本清。票据贴现则是在贴现业务发生之时，银行先行扣除利息。申请贴现者得到的贷款金额等于票面金额减除利息以后的净值。因此，票据贴现的实际利率要略高于名义利率，而名义利率就是计算贴现利息时采用的贴现率。

第五章 外部融资

模式12：资产典当融资

案例分析：典当融资赚快钱

资产典当融资适合赚快钱的情况。有这样一个案例，一个中小型的商贸公司，老板有一次接到一个海外服装订单，急需250万元现金用于采购和组织生产。但是，公司的账上一时没有多少资金。生产厂愿意先支付50万元作为购进原材料的定金，但这笔钱远不够使用。还差200万元资金，需要贷款或融资。

这笔订单较大，而订货方对于时间的要求相当紧迫，所以这笔钱需要立即借到。老板为融资的事忙得焦头烂额，但还是一筹莫展，他也找到我请求帮忙。对于这样不大的企业，从银行借钱是很难的，我建议他采用典当融资的办法。因为他的那辆Audi Sport-奥迪R8加上房子完全可以从典当行借到所需的钱。这样，商贸公司老板就找到一家典当行，将自己的车和一处房产当了出

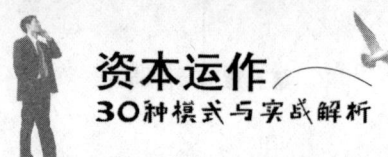

去。商定的当期是40天，老板从典当行借到200万元。老板拿到钱后赶紧运作，他对相关的采购渠道相当熟悉，赶紧用现金进货，然后就交货。从拿到钱到收到这笔订单的全款，总计只花了29天。扣除各项成本后盈利达120万元。然后，他又到典当行赎回他的质押物，即车和房，支付了利息和手续费共计30万元。这样一计算，这位老板通过典当融资赚了90万元。虽然这次融资的成本很高，30天相当于15%的利息，但赚到的利润更高，扣除利息后的纯利润达到45%。

从这一案例可见，典当融资是为了满足应急的需要，这笔生意不仅要快速，而且一定要稳妥。一旦不稳妥，车和房子就可能全都没有了。还需要快，因为时间拖得越久，需要付给典当行的钱就越多。当然，典当融资的主要缺点就是成本高，可能远高于从银行贷款。除开贷款利率，还需要支付比较高的各种费用，如保险费、典当交易费、保管费等。

案例分析：典当融资助业务调整

这个案例还是与当车有关。这是一家位于上海的奔驰系列4S店。当2011年政府推出小排量车的购买优惠政策以后，低于1.6升的小排量车立即成为市场购买的热点。这家4S店的老板根据市场的需求，也想调整自身的业务，计划购进一批小排量的畅销车来拉动店里的销售。不过，由于资金都套在待卖的其他车型上，想转变业务重点也似乎暂时无门。

这家4S店的老板就与自己的财务商量，如何借到所急需的这一笔钱。最后决定还是采用老办法，以资产典当来融资。于是，他们拿出车库里 10 辆梅赛德斯－奔驰 S65AMG 的相关资料，来到一个典当行，准备以 10 辆奔驰车做抵押，从这家典当行借出所需的钱。通过估价、现场验车等必要程序之后，4S 店就和这家典当行签订了合同，典当行同意融资 250 万元。这位 4S 店的老板说："我们与这家典当行合作已不止一次。我是一个生意人，最关心的还是收入与成本。就典当的成本来说，通过典当来融资所付出的成本其实还是偏高。但从收入的角度看，抓住新出现的市场机会，同时又不影响被典当车辆的出售，这才是更重要的。这样，减去成本后的利润更加可观。其实这一次典当融资是相当值得的。"

从这一案例看，典当是用实物作为抵押，用实物（10 辆奔驰车）所有权暂时转移的方式，获得所需贷款的融资方式。相比银行贷款，典当融资的贷款规模小，成本高，不过，典当融资也的确有超过银行贷款的种种优势。

向银行贷款时，银行对借款者的资信要求是很高的，要出示各种证明材料。而典当行对借款人的资信没有什么要求，只是相当注重所典当物品的货真价实。在这个案例中是用新车做典当物品，其实，可典当物品的范围远不止于此。商业银行一般只接受不动产做抵押，但典当行则可接受动产和不动产做抵押。用于典当融资的物品起点也不高，百元、千元物品都可用来抵押。典当行与商业银行不同，更重视对中小型企业及个人客户的服务。

到银行去办贷款，审批的周期长，手续也繁多。但典当融资的手续却很简便，在许多时候，当时就可以办妥。就算是不动产的抵押，典当也比贷款要方便得多。而且，向银行借款的时候，贷款的使用范围受到银行的限定。但向

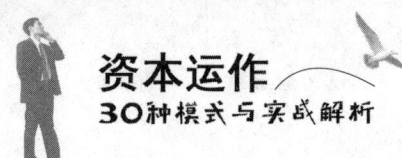

典当行融资时,不会限制贷款用途,资金的使用十分方便,也使资金的使用率得到相当大的提高。

专家解读:要善用典当融资

典当融资指当户将自己的财产权利、动产等用作当物,质押给典当行,或将自己的房产做当物进行抵押,支付一定比例的费用,获得资金或当金,又要在约定的期限之内付上当金利息和其他费用,并赎回典当物、偿还当金。当今典当行是用转移实物占有权的形式,为那些非国有中小型企业及个人提供临时质押贷款的、具有特殊性的金融企业。其中,典当行又是按《典当行管理办法》和《中华人民共和国公司法》建立起来的专业从事典当业务的企业或企业法人。

典当业距今已经有超过1700年的历史。在国内近代银行业产生之前,中国民间的主要融资渠道就是典当,这一行业在促进流通、稳定社会、调剂余缺等层面都占有相当重要的地位。在今天,典当业的社会功能也是为中小型企业解难救急,提供所需要的融资业务。中小型企业融资或贷款具有周期短、额度较小、需求急、频率高等特点,这与典当行的短期性、小额性、便捷性、安全性等特征相对应,二者堪称是有天然血缘关系的融资伙伴。而中小型企业买原材料、订货、发工资等,找银行是来不及的。办10万元贷款与办1000万元贷款,在程序上都是一样的,这使急需用钱的中小型企业难以指望。

对于向银行融资的难度,许多急需流动资金的中小型企业都深有体会。

这就使典当融资作为一种特殊而新型的融资方式，对银行融资所具有的不足进行了弥补。

实际上，在资产典当融资中，可用作典当的物品范围相当广泛。除法律规定不得流通担保的物品之外，凡所有权及使用权可分离、变现不需过户、权属清楚的值钱动产，都可用来进行典当或出典。如钢材、机械设备、化工产品、家用电器、各种生产及生活资料、机动车辆、古玩珠宝等，又如专利权、债券、股票、股权、本票、汇票等有价证券，甚至日常使用的照相机、手机等。当国家放开典当行的业务范围以后，汽车、房产、首饰等都可作为典当物，这对于中小型企业的融资相当有好处。

对于须过户的动产或房地产等不动产担保物，典当行还可以用抵押贷款的方式贷款。因此，资产典当融资具有比较高的灵活性，主要从下述几个方面表现出来：

1. 手续具有灵活性。对于货真价实、明确无误的当物，典当手续可十分简便，可以当场付款。对于须试验或鉴定的当物，典当行一般会以最高的效率为出当者解决有关问题。

2. 当物具有灵活性。一般典当行接受质押或抵押的范围相当广泛，这为中小型企业的融资提供了相当大的当物灵活性。

3. 当费具有灵活性。典当的费率、息率等是在法定的范围内灵活制定出来的，常要按当物风险大小、期限长短、淡旺季节、通货膨胀率高低、资金供求情况、债务和债权人的关系及交流次数制定。

4. 当期具有灵活性。典当期限最长可达半年，在典当期内，当户可提前赎

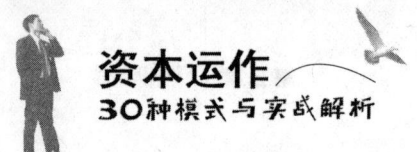

回当物。经过双方同意，还可以续当。

过去有些人将典当行和高利贷看作是同义词，因此，有些人会对这一相当有效的融资方法予以抵制。实际上，这种观点是不正确的。国内现行的《典当行管理办法》和《典当业治安管理办法》，也已对典当业进行了监管和约束。从正规的典当行融资，较通过民间的高利贷融资要健康得多。重要的是典当融资可真正为中小型企业解除燃眉之急。一般而言，资产典当融资有下述基本的程序，分为以下5个步骤：

1. 审当。这一环节主要是验明和确定当物归属权。当户须向典当行提供当品有效合法的归属证据，以表明物品属当户所有。另外，还要提交当户的身份证明文件等，企业要提交法人代码证、营业执照等。这样，就能审核和建档。

2. 验当。就是核对当物的单据、发票，经专业的评估机构或典当评估人员对当物做出估值，最后明确典当折算率、当金额度、利率、综合费率和当期等。当期不能多于6个月。而国内现行的《典当行管理办法》还规定，典当利率不得高于同时期银行标准利率的4倍。

折算典当金额，也按当品变现能力来进行，一般而言，会据当品的四到六成做出折算。如贵金属等当品的变现能力较强，也有给予九成折算率的。

3. 收当。签署典当和当票协议书以后，典当行就将当品入库收当，按现行的管理办法扣掉综合费以后付给当金。这样，企业就可获取流动资金，用于生产和经营活动。

4. 赎当。当户于当票到期以后，需要凭着当票来典当行办赎当的手续。赎当以前须结清利息及当金，然后才可办理出库的手续，将发票和当品归还给当户。

5.续当。当票到期之后,如当户暂不还回当金,就需凭当票到典当行办续当的手续。与此同时,须支付本期的当金利息,并对当物再次进行查验,签署续当协议及合同。续当期间的费率、利率都不得改变,但续当期不可超过原来的当期。

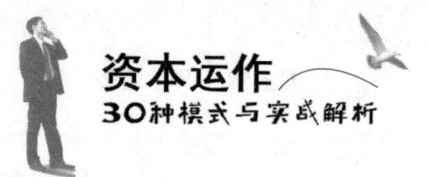

模式 13：商业信用融资

案例分析：霍英东"卖楼花"开商业信用融资先河

霍英东是香港著名富商，他在做房地产生意的时候，首创"卖楼花"的交易方式，开了中国商业融资的先河。后来，许多人都效仿他的这一融资方法。

第二次世界大战结束之后，香港的人口快速增长，当时住房严重不足。加之香港工商业日趋兴旺，形成对楼宇和土地的巨大需求。霍英东看准了这一商机，确信香港的房地产业必会大有发展。他在1953年初拿出自己的120万港币，又向银行贷款160万港币，创建立信置业有限公司，开始从事房地产业的经营。在那个时候，受美国、英国、加拿大等国的影响，香港的房地产商都是整幢整幢地出售房屋，而整幢的地产楼房都是归一个公司拥有。除非购买人有大量的资金，否则很难买到房屋，这就造成当时香港的房屋不易卖出。在刚开始的时候，霍英东也与其他的房地产商一样，自己掏钱买旧楼，拆掉后再建成新楼逐层地出售。但这样一来，从规划、买地、建楼，以至出售或租出后收租金，这期间资金的周转变得相当漫长。当然，这样做，还是可以稳妥地赚到钱，但因为自有资金少，企业的发展速度就比较慢。

当时，霍英东都是从银行贷款建楼，利息要付一分多，年息在12%以上。

如果等到楼房建成后才卖，万一暂时没有人买，沉重的利息就会压得自己喘不过气来。因此，他一直在苦苦地想着怎样能更好地经营房地产，却没有什么好办法。有一次，霍英东的老邻居找他，一直找到工地，想要买房。但霍英东带着歉意告诉这位邻居，刚盖好的那座楼已经都卖出去了。这位邻居就指着工地上正在建的那座楼说："这一幢楼卖一层给我吧。"霍英东的反应很快，就说："那你能否先付定金？"邻居说："行啊，我先付一些定金，整座楼盖好后你就把指定的那一层交给我，然后我把剩余的钱付齐。"于是这层楼就这样卖掉了。

这件事是偶然发生的，却带给霍英东很多启发。他这时意识到，完全可以通过预售房产使资金回笼，既积累了资金，又可用购房人的定金盖新房，并极大地推动楼房销售。当时房屋价格非常昂贵，如果想买一层楼或一套房，就需要预备数万元或数十万元现金，一手付款，一手领房，不能少一分一厘，付款也完全不能延迟。这就造成当时只有少数有钱的人才能够买得起房屋，房地产业务怎么也不可能出现兴旺景象。

现在好了，霍英东实施新推出的房产预售办法，只须先交10%的定金，就可买到即将动工建造的新楼房。也就是说，想买一套价值20万港币的新住宅，只需先付两万港币，就能得到房屋的所有权，以后再分期付清大部分剩余款项。对房地产商而言，其中的好处更是显而易见。可用购房人预先交付的定金，去盖新楼，原来只能用来盖一幢楼的资金，现在可同时建好几幢楼，资金周转和业务发展的速度都加快了许多。这些定金就是通过商业信用融资而获得的资金。当然，对购买房屋的人来说，也是大有益处的。先付上一小笔定金，就可取得房屋所有权，等到楼房盖成的时候，很有可能房价、地价都已经上

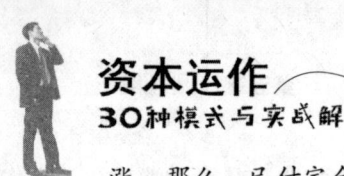

涨。那么,已付定金的买主,所支付的总房价就相当便宜。如果买方这时将房产卖掉,就又可以大大地赚上一笔。

这样一来,香港很快出现了一批专门买卖房屋所有权的业务人员或经纪人,后来又在香港形成"炒楼花"之风。霍英东称这一现象是"房地产业的工业化"。这一创新之举,使霍英东的房地产生意大大地兴盛起来,突破了香港房地产业务成长的顶级纪录。当然,其他的房地产商一定会跟风模仿霍英东的做法,但这时霍英东已赚到了很多的钱。

案例分析:开店也能用到商业信用融资

有一家位于南京闹市区的理发店,开业一年以来,已经吸引了附近的大批客人,客源相当稳定,每日的生意很红火,理发师傅忙得不亦乐乎,难得有时间休息一会儿。当然,店老板也经营有方,理发的收入丰盛,利润相当可观。这使店老板很想扩大经营规模,但受到场地面积的限制。想开一家分店,又因理发店已经投入较多的资金,开张一年收回的钱也不够开一家分店,这事就只能停留在筹划阶段。

因为店里常客不少,这些客人常会提出打折优惠的要求,店老板一般都会很爽快地给予8.5折优惠。有一天,店老板正在为开分店的钱发愁时,突然产生灵感:何不推出8次卡和16次卡,可以一次性预收客人8次或16次理发费用。对于购买16次卡的客人可按6.5折的优惠价收钱,对买8次卡的客人则按7.5折收钱。如果以每次理发收费50元计算,理发16次将花费800元,理发 8 次将花费 400 元。那么，买 16 次卡的客人将节省 280 元，买 8 次卡的人节省 100 元。理发店推出的优惠卡方案，很受新老客人的欢迎，许多客人购买了理发卡。在一个月的时间内，店老板就筹集到 10 多万元的资金。这样就解决了开办分店的资金问题。由于使用理发卡，还使理发店的客源更加稳定，生意更加兴隆。

这就是一种商业信用融资。借助这种融资方式，理发店不仅开办了 3 家理发分店，还开办了 1 家美容店。

专家解读：怎样进行商业信用融资

商业信用融资又称为信用融资，指的是公司之间在买卖商品的时候，以现今或是未来商品（服务）的形式所提供的一种借贷活动。实际上，从古至今，这是全世界范围内经济活动中一种非常普遍的债权债务关系。商业信用的融资方式，对于促进流通和扩大生产有着相当积极的影响，当然，也存在着某些消极作用，这也是无法避免的。

在古代商业活动中，以票据作为商业信用的手段已经存在，但主要还是预收或预付货款这种形式。在当今的现代社会中，商业信用融资日趋发达，形式也更为丰富多彩。但主要的类别还是以下 3 种：

1. 通过预收货款来融资。这其实是买方给卖方提供的一种商业信用，可以成为卖方的短期资金来源，这种信用融资形式的应用比较有限，往往局限于买方必需或急需商品、市场紧缺商品等，还有投入较大及生产周期较长的重型制造、建筑业等方面的产品。当然，这种商业信用在形式上属于基本形式，其他

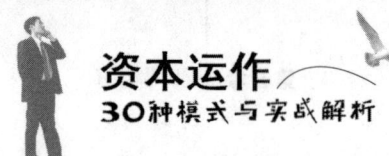

商业信用融资都具有这样的雏形,因此,前面的两个例子都是这种预收货款的商业信用融资。

2. 通过应付账款融资。应付账款指厂商在购买货物时没有付款而形成的对供货企业的欠账。这是卖方同意买方在购买后的某段时间内偿付货款的一种交易方式。对于使用这一信用融资方式的企业来说,这种形式的交易使之得不到现金交易具有的折扣,常常还须负担一些成本。因为在通常的商品交易活动中,款付得越早,折扣就会越多。

3. 通过商业票据融资。商业票据是由某些企业或金融机构签发,无条件地要求他人或约定自己支付一定数量的金额,可以转让流通的票据或有价证券,作为持有者提取资金权利的凭证。如本票、支票、汇票等都是商业票据。实际上,商业票据就是公司在进行延期付款交易时开出的债权、债务票据。那些声誉良好、财力充裕的公司,所发行的商业票据,常可直接从货币市场方便地筹集到短期货币资金。这一融资模式已在本书中专门叙述过。

当然,要实现商业信用融资,还需要融资人拥有一些信用条件,并具有基本的商业信用程度。也应该在这种活动中,让对方或合作方从中得到益处,这也是基本的。而且,企业在进行商业信用活动的时候,还要抱着谨慎的态度,否则,有可能会损害企业的信用。商业信用融资有其固有的优点,包括下述几点:

1. 信用融资的限制条件较少。很明显,与大多数融资方式相比较,商业信用融资的限制条件少,选择的余地更加广阔,各项条件都较为优越。

2. 信用融资比较便利。使用商业信用来筹措资金相当方便,因这种信用方式与商品买卖是同时进行的，属自然性的融资。既无须向金融机构办理正式的融资手续，也不须做出非常正规的安排。

3. 筹资的成本较低。信用融资的成本主要是现金折扣或票据利息，如无现金折扣，或企业不给现金折扣，或是采用预收货款和使用无息应付票据，那么，企业使用商业信用融资时甚至没有实际的成本。

当然，信用融资也存在一些缺点。一般使用信用融资只能够筹措到小额资金，很少有筹集到大量资金的情况，筹资的数额比较小。有时候，信用融资的成本较高。比如企业放弃掉现金折扣，往往必须支付相当高额的资金成本。信用融资的期限也较短。融资期限短是使用商业信用筹措资金的特点，如果企业还要获取现金折扣的话，期限将会更短。

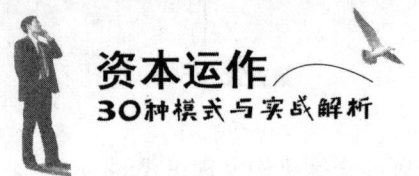

第六章 贸易融资

模式14：国际贸易融资

案例分析：借押汇快速回笼资金、投入生产

现在来看一个托收项下的出口押汇案例。2017年4月3日，武汉某出口公司甲向日本某进口公司出口价值40万美元的金属材料，双方约定采取远期托收的方式结算，期限是60天。代收银行是M银行。具体过程如下：

在这一段时间里，国内金属材料的价格在国际市场上具备很强的竞争力，因而市场需求快速上升。出口公司甲此时想快速地回收资金，再用回收的钱去从事下一波的生产，以便紧抓市场的机会扩大出口量。甲公司则据此提出，可以用出口托收押汇来达到这一目的。4月7日，出口公司甲向C银行提交了全套的托收单据，提单日为4月3日，预计付款到期日为2017年6月3日。C银行在审核后即寄往代收行M银行。在此期间，出口公司甲已经与C银行签署出口押汇的合同，并递交了出口押汇申请书。这一天，出口公司甲在C

银行的授信余额相当充足。C银行就为90%的交单金额（36万美元）办理押汇。押汇利率为LIBOR利率（伦敦同业拆借利率）加上2%。实际押汇期限从押汇当天（4月7日）算起，到预计付款的到期日6月3日，总共为56天，加上约定的7天宽限期，押汇期共计有63天。而4月7日当天美元LIBOR利率为0.9375%，这样押汇利率是2.9375%。各项银行手续费是930美元。

押汇当日，C银行为客户甲公司入账为360000−930=359070（美元）。对这一入账金额，甲公司可选按当日的牌价折合人民币入账，也可用美元直接入账。C银行还将扣减甲公司授信额度36万美元。在本押汇案例中，到期日银行收取甲公司押汇利息为（360000×2.9375%）×63÷360=1850.63（美元）。甲公司总计支付1850.63+930=2780.63（美元）。

日本的进口公司在押汇到期日的6月3日付款，B银行将36万美元的出口货款偿付押汇金额，又将10%未押汇货款扣减手续费后为甲公司入账。这时，甲公司同样可选按当日牌价折合人民币入账，或以美元直接入账。

案例分析：以福费廷方式实现国际贸易融资

福费廷指包买票据，即银行从出口商无追索地购买已承兑的、多由进口商当地银行担保的本票或远期汇票。这是国际贸易融资的一种方式。下面是一个福费廷融资案例：

甲公司是一个从事五金产品生产和销售企业。随着国际市场对五金产品需求量不断增加，甲公司的出口量也逐年增大。不过，在扩展国际市场的过

程中，甲深感资金压力很大。而有一些大进口商常会要求见票90天支付货款，由此挤占了甲公司许多资金，使企业的日常经营受到了较大的影响，还使企业扩大业务规模的努力受到严重的制约。而且，根据甲公司的财务管理规定，业务考核指标中的应收账款一项，都不应该多于90天。后来，甲公司与E银行进行协商，E银行对甲公司的各项出口业务做了考察和评估，认定甲公司出口产品的市场相对稳定，与国外进口商的合作密切、时间也长，建立了良好的信誉。因此，E银行同意用福费廷融资的方式帮助甲公司解决眼前企业遇到的资金困难。

经进一步商定，甲公司和E银行双方签署了一个福费廷融资协议。这时候，甲公司与国外进口商签了一单五金产品的出口合同，结算采取信用证的方式，期限是见票后90日，单据的金额是472000欧元（EUR）。

甲公司根据信用证条款一次性地发货，同时将整套的出口单据交给E银行，E银行在审核无误后，于2016年8月3日将单据寄给开证银行。2016年8月10日，E银行收到开证行通过SWIFT-MT756（议付或付款通知电）做出的承兑通知，确认付款到期日为2016年11月5日。E银行按照甲公司的福费廷申请，在拿到开证行的承兑以后，于2016年8月13日以2.38%的贴现率买断了甲公司在这一信用证项下的应收账款，间接扣除贴现利息2806.04欧元之后，E银行向甲公司支付了469193.96欧元的贴现款。

甲公司借福费廷融资，将这一笔远期合同中的远期应收货款，变为公司的现金销售收入，这就使出口收汇时间大为缩短，由此减少资金的占用，加快了企业资金的周转。E银行还立即为甲公司开出了出口收汇的核销联，甲公司在收到财务凭证后就办了出口退税。

专家解读：国际贸易融资解除资金流动障碍

  国际贸易融资指的是商业银行对出口商和进口商提供的、关联于进出口贸易结算的信用便利或短期融资。作为银行的业务，国际贸易融资是围绕跨国贸易结算的相关环节进行的，表现为信用和资金的融通活动。这种融资活动，有效地促进了进出口商之间商品交易，及包括金属、谷物、原油等在内的各种货物的全球流通。

  在业务的进行过程中，银行根据商品交易中的预付款、应收账款、存货等资产，主要使用结构性的短期融资工具，进行国际贸易融资。在实际的操作过程中，这一融资方式中的借款方，往往除商品销售货款可作为还款的来源之外，可能没有别的生产和经营活动，在资产负债表上也没有实质资产，因此，缺少独立还款的能力。在这一情形下，进行国际贸易融资的银行，向融资人提供了无追索权的跨国贸易融资，既简单易行，手续也相当方便，这就大体上解决了占用在途短期资金和出口商信用销售所遇到的问题。在这种跨国贸易融资的形式下，商业银行所提供的融资服务，对公司与公司、国与国之间的进出口业务，有相当大的促进作用。

  国际贸易融资还可以在办理进口开证业务的时候，充分利用国外代理银行提供的融资条件和融资额度，来延长信用证项下付款期限。这可称为境外国际贸易融资业务。

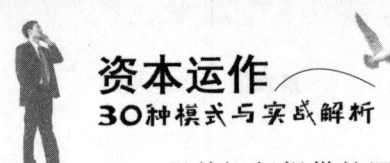

目前银行提供的国际贸易融资,可有多种服务形式或业务方式,包括押汇业务、进口押汇、福费廷、授信开证、打包放款、外汇贴现、国际保理、买方信贷、提货担保等。但万变不离其宗,从银行业务的角度来看,国际贸易融资不外乎如下几种基本的表现方式:

1. 出口托收项下押汇融资。这是指出口商使用托收结算方式的融资。在出口商提交相应的单据之后,委托银行(托收行)向进口商收款的同时,又要求托收银行先行预支全部或部分货款,等到托收的款项收毕之后,再归还银行的垫款。

2. 出口保理押汇融资。这一方式指出口商取得进口保理商的信用额度之后,在发货的同时,将相关单据和发票交给银行(出口保理商),由其代收款项,银行则用预付款项的方式为出口商提供不高于发票金额80%的融资。

3. 进口代付业务融资。这是指开证银行(代收行)按与海外和境内银行或银行分支机构(代付行)签署的融资协议。在开出信用证之前,与开证的申请人签下进口信用证项下的代付协议,到单之后,银行凭开证申请人递交的信托收据予以放单,并电告海外代付银行付款。信用证开证人在代付到期时须偿付代付的各种费用和本息。

4. 进口押汇或托收押汇融资。这是指代收银行在得到出口商经托收行寄来的整套托收单据之后,按进口商递交的信托收据、押汇申请及代收行与进口商签署的《进口押汇协议》或《进口托收押汇协议》,先期对外支付并予以放单,进口商则凭单提货。此后,进口商用售货后的货款向代收行归还押汇本息,并支付各种手续费。

5. 假远期信用证。此方式指开证银行开出的规定汇票虽为远期，但开证或付款行即刻向进口方付款，而票据贴现费用由开证的申请人负担，并支付本息。出口方所开出的汇票仍属远期汇票，但可以票据贴现的方式立即获得票款。出口方如果愿意接受远期的付款，就可获取利息。进口方的好处在于可获得货运单据，当即提货而不需立即支付货款，即可以延期付款。

6. 限额内的透支或融资。这是指银行按客户的质押、担保及资信等情况，在客户相应的银行往来账户上提供一个透支的额度，允许客户按照其资金需求在这一限额内进行透支，这相当于一种融资。客户则可在其日常的经营活动中，用销售的收入自动地冲抵透支费用。

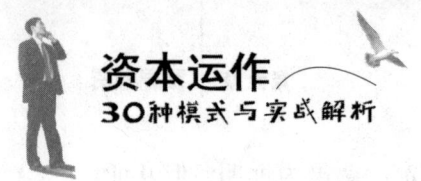

模式15：补偿贸易融资

案例分析：汇源靠补偿贸易掘得第一桶金

朱新礼是一位充满传奇色彩的企业家，在2005年《胡润百富榜》上，他位居第24名。他于1992年创办北京汇源饮料食品集团有限公司，到2007年，汇源果汁在香港证券交易所上市。不管后来的情况如何，朱新礼的起家是令人瞩目的。他在创业初期，以实际的经营实践写下了补偿贸易融资的典型案例。

朱新礼原本是山东省沂源县外经委的主任，1992年，接手山东一家濒临倒闭的县办水果罐头厂，担任罐头厂厂长。朱新礼只是接手了这家罐头厂，并不是买下了这家企业。当时的朱新礼其实也没有钱，但他承诺要用项目来救活这家工厂，养活厂里数百名员工。除此之外，他还接下原厂所负的450万元的债务。朱新礼出手的第一招，就是一件"空手套白狼"的事。

接下来还是"空手套白狼"，这一次是通过补偿贸易进行融资。在那个年代，甚至企业界都对补偿贸易感到十分陌生。朱新礼手里还没有钱，不过，他看好了一套德国制造的生产设备。即使账上没有资金，也不妨碍他果断地与德国厂商签下价值达到800万美元的购买合同，来进口德国设备。这是1992年，在那个年代800万美元是一个相当大的数目。但厂里需要在国内用这套德国设备来生产产品。怎样来支付这笔货款呢？朱新礼答应在合同规定的期限内，以产品返销给德方的全部或部分收入，一次性或是分期偿还设备的货款。当时承诺外方的期限是5年。第二年初，20多名德国技术人员和专家来到汇源进行指导。此后，朱新礼汇源公司以生产浓缩果汁作为主营业务。就在这个时候，朱新礼获悉德国将接连举办两次国际食品博览会。于是，他立即买了一张机票赶赴德国，他掏不出钱买两张机票，就没有带上翻译。在德国华侨的协助下，朱新礼分别在德国的慕尼黑、瑞士的洛桑签署了第一批出口业务合同，卖出总量3000吨的苹果汁，总金额达到500万美元。

相比于这500万美元，他在创业过程之中支付的钱几乎等于零。因为汇源的浓缩果汁填补了那时市场的空白，所以汇源公司得以迅速扩张，并做强、做大。

到了1999年，朱新礼的汇源集团与新疆德隆携手，成立了一家合资企业。由于得到德隆资金的支持，汇源的发展速度进一步加快。在两年时间内，汇源的累计投资额达到了20亿元，在全国各地新增20家生产厂或生产基地。到了2003年，汇源果汁已占据全国23%的市场。这一年，汇源回购了德隆所持的股份。第二年3月，朱新礼对汇源果汁进行分拆，以部分资产和统一集团成立合资企业中国汇源果汁控股，注册地点为开曼群岛。在这一次融资中，统一以2.5亿元的资金拥有汇源5%的股份。

从这一案例可见，在那个补偿贸易融资还不为人所熟知的年代，朱新礼的老练和胆量的确值得称道。朱新礼也具有企业家的眼光，经营罐头厂后，立刻就看准了德国的先进果汁生产设备和技术。在没有资金的情况下，他很快

找到了补偿贸易的融资办法,从而购买了整条连同设备和技术在内的德国果汁生产线。这就是说,汇源将以这条国内生产线投产后的产品销售收入,分期偿付设备利息和价款,这确实是一种一举数得的好办法。不仅引进了德国的先进生产技术,也连带将管理经验吸收进来。产品还填补了市场空白,不愁产品没有销路。当然,最大的亮点还是朱新礼购买这条先进的生产线没有用现金或贷款,而是用产品补偿的方法成功地融资。这样做,无须忧虑新创企业的资金匮乏问题。

因为这一先进的生产线,朱新礼得到了来自德国的第一桶金,这是一个500万美元的大单。由此开始,汇源在创业之初艰苦的处境中,打开了企业快速成长的道路,补偿贸易融资堪称汇源做大、做强的起点。

专家解读:补偿贸易融资助人白手起家

补偿贸易融资指国外公司向国内企业提供项目所需的技术、机器设备、人员培训等作为一种融资,等到项目完成开始生产之后,国内再以产品等商定办法作为融资的偿还。实际上,补偿贸易是某种易货贸易,用技术、设备及相关产品做交换,供方公司不仅供应所需技术、设备,还承担用作抵偿产品的销售。

补偿贸易方式的出现,也是现今世界经济和贸易发展的产物。因为跨国企业多种经营的发展,设备生产型企业开始向前伸展的经济一体化,并日益完善,这就弥补了单一设备制造商时代的不足。一些跨国公司已经在全球建立了自己的销售企业，或拥有广阔的销售代理网络，因而，即使是制造企业，也有实力销售相应的返销产品。当这样的企业将补偿贸易看作是一种扩大销售额和经济规模的手段时，就能够由此获得双份利润。补偿贸易融资本身也有一些不同的形式，各有其特色。中小型企业可以结合自身实际，在双方协商的基础上选取一种。具体的补偿贸易操作有下述的基本形式：

1. 直接产品的偿付。使用直接产品进行偿付，已经成为跨国补偿贸易融资的一种基本形式。就是以引入的技术和设备生产的产品返销给供方，用返销产品的价款偿付引进技术和设备货款。这一方式需要所生产的产品在质量、性能等方面，符合对方提出的要求，能满足国际市场的标准和需求。

2. 间接产品的偿付。企业不是用进口技术或设备直接生产的产品作支付，而是用双方商定的其他产品或原材料来偿付进口设备或技术的价项。

3. 综合的补偿贸易。实际上，这是两种不同融资方法的综合运用。对于引进的技术或者设备，一部分用产品偿还，另一部分则用资金偿还。而且，用于偿付的产品既可以为直接产品，还可以为间接产品。

经由补偿贸易进行融资，虽然所需投入的自有资金非常少，但想成功地获取补偿贸易的融资，也不是一件容易的事。这要求进行融资的企业具有相当强的市场把控能力，在国内的市场上拥有行业优势，或是有着使公司业绩增长的实力。这样，以后才可能偿付所引入设备或生产线的货款及利息。

而且，融资企业还应具有高效合理的运营机制及规范科学的管理制度，以保证对引入的先进技术、设备进行成功的再创新和消化吸收，为公司赢得国内市场领军地位，并为长远的发展打好基础。融资企业还应具有较高资本

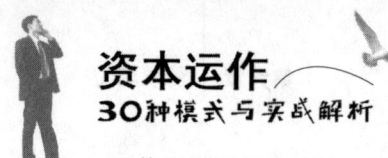

运作的能力和经验，这样就能在全球资本较量中不成为落后者，以此打通企业的生存和发展道路，借多元化资本运作的手段促进自身的持续发展。一般而言，进行补偿贸易融资有下述程序：

1. 对融资项目进行可行性研究。要考察项目与本企业相配套的国内建设条件及环境。如配套技术、资金、基础设施、土地、原材料、国家相关政策、人才等。因为产品面向全球市场，需要细致地认证这一产品的国际市场前景和全球竞争能力。此外，还要对项目在国内的社会和经济效益等方面进行认证。

2. 确立和报批融资项目。经项目的可行性认证后，须将有关材料报请主管部门审批。

3. 与外商就补偿贸易事项进行谈判。谈判内容主要涉及技术或设备的数量、性能、安装、维修、人员培训、价格等，转移技术的产权归属问题，用于补偿的产品数量、偿付的期限、规格、质量标准等。

4. 签署补偿贸易合同。双方协商达成一致以后，将谈判的结果写入合同中。

5. 履行补偿贸易合同。当合同生效以后，双方都必须按合同的规定来运作，融资企业要按合同的规定进行补偿贸易融资的支付。

第二部分 政策引导资本

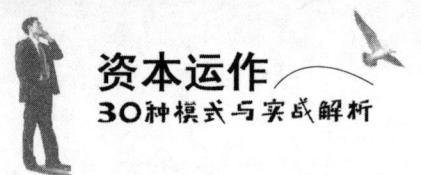

第七章 政策融资

模式 16：专项基金融资

案例分析：凯雷，汇聚专项基金的巨无霸

成立于 1987 年的凯雷集团是世界上最大的私募股权基金，实际上是一个超级的专项基金集群。到 2018 年 3 月 31 日，凯雷集团资产管理的规模达到 2010 亿美元，旗下有投资基金 324 个。凯雷还拥有数以百计的投资专家，分布在欧洲、北美以及亚洲的 14 个国家中。

凯雷只投资自己最熟悉的行业，这就是说，多年以来，凯雷仅专注于拥有专业知识及经验丰富的那些领域。因为凯雷确信，对于行业的专注，将令自己具备专项基金的精专，能够站在行业和经济趋势的最前沿。凯雷投资集团在投资上奉行纪律严明、风格保守的原则，大概也是由于这种理念。凯雷致力于投资管理那些卓越的企业，在拥有丰富经验的行业中持续创造高收益、高回报。由于这种慎重、精明的作风，使凯雷投资成为一个可靠、可信的合作伙伴。"专注"使凯雷积累了丰富的经验和知识，能为旗下的投资公司指明方向，使之避开风险、化解危机，从而把握好商机，并应对所投资的各行业中的挑战。在全球范围内，凯雷的专注行业有房地产、航空、国防、健康护理、汽车、交通、能源、消费者零售、电力、工业、媒体、商业服务、电信、高新技术等。虽然凯雷的投资在总体上包括范围很广，但旗下的每一个基金又都相当精专。因此，申请融资者应结合自身实际，找准专项基金，发挥自身所长。

凯雷投资集团为与旗下的投资公司保持深度的利益一致，其专业投资团队用自有资金与凯雷投资者携手出资，这体现出凯雷的工作热情、专业精神和高度承担的企业经营态度。作为一种保证公司有限合伙人利益的方式，在其所管理的各项基金中，凯雷投资集团承担了12亿美元的自身资本。在凯雷30多年的经营中，一直坚守着自身的承诺，不管市场风云如何变化，都会尽力扶助自己投资的公司保持稳固增长，并打造出持久的企业价值。

凯雷在亚洲20年的耕耘就是例子。在2000年世纪之初，凯雷向总部在上海的携程旅行网注进800万美元，作为启动资金。这家网络旅游公司虽未因这笔资金盈利，但却在这一年实现了20万美元的收入。2004年，携程网在纳斯达克上市，立即募集到约7600万美元的资金。携程上市之后，凯雷的占股比例从大约25%降至不到5%的低水平。凯雷投资集团对外界表示，自己给携程网的投资已经获得了14倍上下的高额回报。

实际上，这种行事方式是凯雷一贯风格的表现。对于旗下所投资的公司，凯雷集团一般会尽力保持其运营和管理上的独立性。这样，就能在享有凯雷系统的各种知识、经验和资源的同时，可以保持原有品牌的持续性。大多数的战

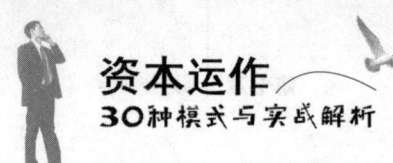

略投资者，常会寻求将所投资的公司融入到自己国际业务的不同环节中。凯雷投资集团有别于这种做法，总是让旗下的企业实现独立自主的发展，由此实现这些企业的增长和繁荣。在接下来的5年中，凯雷又对中国14家公司进行了投资，包括参股太平洋人寿保险公司、并购徐工集团等。凯雷投资集团还将其创业投资的聚众传媒，通过股权交换转让到分众传媒。

这些年来，凯雷投资集团在中国持续地进行投资，涉及众多知名企业。凯雷在中国曾经持有或正在持有股权的公司有太平洋保险集团、麦当劳（香港和中国内地）、7天集团、海尔电器、阅文集团、分众传媒、开元旅业集团、特步国际、安能物流、搜房网、赶集网、美年大健康、中建投租赁、统一润滑油等。凯雷在中国的投资方向也更加聚焦在传媒、消费者零售、金融服务、旅游、电信、医疗健康、科技等领域。

案例分析：一个专注体育产业的专项基金

成立于2017年3月的健盛体育专项基金，由华人文化控股集团和红杉资本中国基金联合发起。在成立的当月就完成了一期资金募集。这一基金汇集了红杉中国与华人文化都拥有的丰富的行业资源及专业的投资运作团队，堪称两大重量级投资者的重量级组合。而投资方向则是国内外优质的体育项目，以此促进中国的体育产业在整体上更新、升级。

超级猩猩（Supermonkey）健身服务品牌是健盛体育投资的典型案例。这一项目是深圳超级猩猩健身管理有限公司旗下的产品。该健身品牌整体的设计思路是用改造汽车的方法来改造健身配套设施，在 60 天内就可为用户建造一个五星级的健身房，并送到用户的楼下。该项健身服务以全智能的方式运作，全天候（7×24 小时）营业，可使用微信 /App 进行自助预约，随叫随到。在超级猩猩的 C 轮融资中，健盛体育专项基金领投 Ventech China 的投资组合，使超级猩猩得到了数亿元的资金。此次融资中前两轮的老股东全部跟投。还有一个例子是健盛体育投资万名扬传媒。这是一个从事格斗竞技体育的传媒公司，其旗下拥有《勇士的荣耀》这一国际格斗殿堂级的赛事。健盛体育专项基金领投万名扬传媒的 A 轮融资，还有几位个人投资人跟投。万名扬从此轮融资中获得的资金过亿。

实际上，健盛体育专项基金创立之后，即通过链接海内外的体育产业资源，发挥出"投资+运营"的长项。由此推动着许多优质体育项目实现国际化的布局，相应地，也进一步加快引入顶级国际项目进入国内市场，实现价值增值，同时也促进中国体育产业的高质量发展。而健盛体育基金还会在未来的体育产业链的多重关键部分实施深度的布局，以发掘出更多体育行业的领航者，起到中国体育产业增值助推器的作用。

专家解读：有针对性地从专项基金融资

企业专项基金融资，通常指企业从基本的经营、生产资金之外，由特定来源获得并具有专门用途的资金。而专项基金涵盖了许多领域，为范围广泛的大中小型企业提供资金来源。以美国基金业为例，常见的专向基金投资领域就有大众传媒、高科技、房地产、自然资源、健康护理、公用事业、金融等。国内也已逐渐形成这样的态势。缺少资金的中小企业，应该结合本行业的性质，

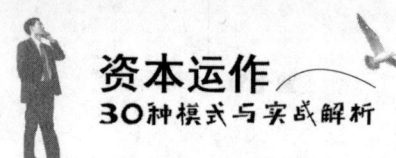

及本企业的经营宗旨，寻找合适的专项基金，充分依据《中华人民共和国中小企业法》，助推本企业在相关领域的发展。如果把握得好，这就是一条优质的融资之路。

专项基金的生力军和主要渠道虽是各种基金会，但也不仅限于这一范围。按国内的财会制度划分，专项基金来源还包括下述几个：

1. 国家的拨款。这是国家划拨给企业的具有专门用途的专项资金。可以是中试费、各种科学技术研究费、新产品试制费等。

2. 专项应付款。也就是在使用专项资金的过程中，临时占用的各类应付款项。

3. 各种专项借款。这是企业为完成某个专门项目，在专项资金不够时向银行申请的更新改造、大修等各种专项借款。

4. 企业内部形成的专项基金。这类专项基金的一部分是由成本提取，比如更新改造基金、大修基金、职工福利基金等。还有一部分是从企业利润中形成的，可有奖励基金、后备基金、生产发展基金、福利基金等。

企业在使用专项基金时，必须努力提高专项基金的使用效果，这就要求企业遵循先存后用、量入为出、节约使用、专款专用等原则。

有许多基金会是公益性质的。因此，在2015年10月20日，民政部的部务会议通过并公布《民政部关于废止〈社会团体设立专项基金管理机构暂行规定〉的决定》，从公布之日起实行。2015年12月24日，民政部又印发了《关于进一步加强基金会专项基金管理工作的通知》(以下简称《通知》)。这表明与《慈善法》出台相配合，政府进一步规范了公益专项基金的管理。这些基金会在决定是否成立自己名下的专项基金时，将会筛选和评估相应的公益项目。筛选和评估有下述几项主要标准：

1. 项目首先应与基金会的宗旨、针对人群、业务范围相一致。

2. 项目运作者（如企业）的运作能力要强，项目的设计必须合理。基金会将考察与项目这些方面相关的主客观因素。

3. 基金会尤其看重项目发起人的能力与品德。发起人或申请人必须热心公益事业，自身和其团队有较好的筹资能力。

公益性基金会在运作专项基金项目时，必须依据《中华人民共和国慈善法》《中华人民共和国公益事业捐赠法》《基金会管理条例》等法律、法规。

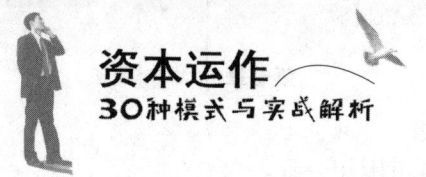

模式17：高新技术融资

案例分析：艾尔普，靠高科技敲开资本之门

南京艾尔普再生医学科技有限公司（简称艾尔普或艾尔普再生医学）是国内利用干细胞及再生医学技术治疗难治性、退行性疾病的领军生物科技公司，于2016年5月成立。艾尔普再生医学的核心技术是应用诱导多能干细胞技术（iPSCs，induced Pluripotent Stem Cells），将体细胞重新编码为近似于胚胎干细胞的诱导多能干细胞，以此使组织器官或人体细胞再生。这项技术由日本科学家山中伸弥（Shinya Yamanaka）于2006年发明，因此获得2012年诺贝尔生理学或医学奖。医学界相信，iPSCs技术能为新一代细胞疗法及再生医学带来巨大的改变。而神经退行性疾病和心衰疾病的病人，更有希望从这项技术中得益。

艾尔普将目标放在病人的心脏再生治疗上。现在全世界和中国都有相当大数量的患心衰疾病的人，但目前的药物只能减缓心衰发病进程，不能在根本上逆转心衰过程或彻底治疗心衰疾病，单靠目前的治疗根本不能满足临床的需求。艾尔普认为，经健康人源心肌细胞的体外再生，将是对心衰唯一的有效治疗手段。因此，艾尔普总裁和创始人王嘉显博士表示："公司成立的初衷，是希望利用再生医学的创新技术，为解决目前临床上难以治疗的退行性疾病而研发出革命性的细胞药物。"一些风险投资家也看好再生医学的前景。

因此，公司创办仅3年时间，艾尔普再生医学就迎来了首批风险投资。到2019年5月5日，艾尔普宣告获得数千万元的A轮融资。雍创资本领投此轮融资，紫牛基金、领复资本、南京高科等投资商跟投。此前，艾尔普还曾经获得联想之星的天使轮、PreA轮投资。王嘉显表示，A轮融资的成功，表明艾尔普已进入新的发展阶段，接下来的重点将是临床研究和推广。而本次融资所得资金，将要用于公司的心衰项目临床研究，还有艾尔普其他产品线的开发与研究。

雍创资本创始合伙人吴云晓就很看好艾尔普再生医学的前景。她认为，在临床级iPSCs细胞库的基础上，应用干细胞定向分化技术，艾尔普研究团队将能诱导出人体所需的各种细胞，未来还将开发出更有创新性的各种产品。吴云晓说："艾尔普再生医学有着国内配合最默契的技术团队和管理团队，从细胞制备到临床转化等各个环节都积累了丰富的经验。在心衰细胞项目的开发进度上，艾尔普位居全国第一，在全球也处于领先地位。艾尔普再生医学建设了临床级iPSCs细胞库，这是具有极大战略意义的，这也是我们投资的原因之一。"在谈到投资艾尔普的原因时，紫牛基金的医疗负责人俞波说："我们坚定地看好iPSCs干细胞应用于退行性疾病治疗的应用前景，同时也看好干细胞底层技术平台在未来的临床延展性。自成立以来，艾尔普再生医学展现了出色的技术转化为商业产品的能力，所以我们也在这一轮持续加码该团队。"

联想之星的合伙人冷艳，深有体会地提到过去投资艾尔普的两个重要原

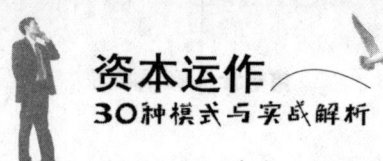

因:"艾尔普在iPSCs技术上的研究,使得干细胞技术在临床治疗端的应用成为可能。其次,干细胞治疗要成为临床标准化的产品或治疗方案,仍然需要面临较大的挑战。因此,对于这个领域的创业公司,领先的生物技术、丰富的临床医学资源、可靠的商业转化能力三者缺一不可,艾尔普就是这样一个综合能力很强的公司。而且,王嘉显博士的团队号召力和资源凝聚力,也让我们对公司未来充满期待。"

专家解读:不要错过以高新技术融资的机会

高新技术企业指的是在《国家重点支持的高新技术领域》范围内,持续地进行技术成果转化和研究开发,形成了企业的核心自主知识产权,又在此基础上开展企业的生产、研发、经营的活动,并在中国境内注册时间达一年以上的居民企业(不包括港、澳、台地区)。

由于科学技术是经济发展重要的内在动力,高新技术企业受到国家的重视和扶持,既是国家资助的对象,也是各种资本追逐的目标。因此,高新技术企业一定不要错过以高新技术优势进行融资的机会。高新技术企业是技术密集、知识密集的经济实体,一般都处在下述的八大领域之中:生物与新医药、电子信息、高新技术服务、新能源与节能、航空航天、新材料、资源与环境、先进制造与自动化。

一家高新技术企业,可以享受到全国性和地方性的优惠政策。在全国性税收优惠政策方面,非高新技术企业的所得税为25%,而高新技术企业的所得税则按 15% 征收，减免了 10%。举一个例子，某非高新技术企业的净利润是 50 万元，需缴纳 12.5 万元的所得税，但高新技术企业只需要缴纳 7.5 万元的企业所得税，少缴税 5 万元。高新技术企业的研发费用还可用来抵税，而且，抵税的比例较普通企业高出 75%。科技型的中小企业，如果研发费用未形成无形资产，可按实际发生额的 75% 在税前进行加计扣除。也就是说，科技型中小企业可按研发费用的 175% 在税前进行扣除，这样就大量减少了纳税额。而按 2017 年 1 月 1 日至 2019 年 12 月 31 日的政策，高新技术企业就在科技型中小企业的范围内。在财务方面，高新技术企业的亏损结转弥补年限，从 5 年延长到 10 年。高新技术企业在上市方面也具有优先地位，可以吸引政策和资金等的扶持。高新技术企业的身份还是创业板挂牌的必备条件。

除了上述全国性税收优惠等政策之外，高新技术企业还可享受到地方性的包括税收优惠在内的优惠政策。比如在北京享受人才引进的优惠政策，即享受积分或落户加分政策。广州增城区的高新技术企业可获得最高达 200 万元的额外奖励。

任何企业想要持续地成长，资金都是一个相当重要的要素，有时候还占到绝对重要的位置，关系到企业的生死存亡。这些年来，有许多新出现的企业做大做强了，其中的关键因素就是有丰厚的资金支持。而高新技术企业对于资金的需求实际上是更为迫切的。

因为每一项高科技、新技术的投入都需要大量的资金，高新科技产品的研发同样要花不少的钱。这就使得融资成为高新技术企业向前发展的关键环节。但每一家高新技术企业都面临着同样的现实，企业的资产多数是无形资

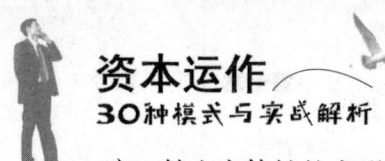

产，缺少实体性的有形资产用于抵押。当然，无形资产也可以用于质押，但困难较大。由于这些因素的存在，高新技术企业一般会选择三大类主要的融资渠道，而这三类渠道又都有各自的规则和方法：

1. 寻求科技基金。实际上，科技基金的种类繁多，都是国家和政府为了科技的发展和应用，针对高新技术企业而建立的扶持性基金。现在许多地方还设立了各种地方性的科技基金，比如北京的中关村科技基金。这项基金对中关村的高新技术企业而言，可以起到相当好的作用，缓解许多问题，比如用来进行研发或产品开发，都将降低企业的经营成本。当然，这种受企业欢迎的融资方式，对企业本身是有要求的，包括企业专利数、科技成果和高新技术人员的情况等。这些要求本身也在推动企业更新升级，建立更高的标准，将自己打造成名副其实的高新技术企业。但是，科技基金的运作，还是很不同于风险投资这一融资方式。

2. 争取风险投资。可以说，风险投资是最适合高新技术企业的一种融资方式。这是因为获得风险投资可以不需要任何实物做抵押，而用高新技术企业自身拥有的知识产权或专利等无形资产做质押就可以了。这些都是高新技术企业所富有的资源。在许多时候，风险投资人会要求以企业的股权来做质押，这对于高新技术企业也不是问题。从风险投资机构的观点来讲，具有良好商业模式的高新技术企业，更是风险投资机构全力追逐的对象，因为这样的企业可以预期高利润、高回报，当然也有高风险。

风险投资人在投资之后，也会尽量将自己的各种资源运用于所投的高新企业中。这就像一个资源库一样，既有产业链的上下游资源，也有市场资源，还有各种人脉资源,这些对已获得投资的高新技术企业有很大的帮助。节约了公司各项成本,又扩展了人脉关系,推动企业去寻求富于创新的商业模式,必将有助于企业的近期和长期发展,有利于争取更多的资金。

3. 进入创业板市场。创业板市场是为未成熟企业做二级市场融资而设立的一个板块。成为高新技术企业,还是进入创业板市场的必要条件,这样就能实现高新科技与资本市场的最佳结合。进入创业板之后,高新技术企业可以从市场筹到资金,还可以提高企业和品牌的知名度,扩大社会影响。

附录:高新技术企业认定条件

据科技部、财政部、国家税务总局 2016 年 3 月联合发出的修订《高新技术企业认定管理办法》及《国家重点支持的高新技术领域》等文件,高新技术企业的认定条件如下:

1. 企业申请认定时须注册成立一年以上;

2. 企业通过自主研发、受让、受赠、并购等方式,获得对其主要产品(服务)在技术上发挥核心支持作用的知识产权的所有权;

3. 对企业主要产品(服务)发挥核心支持作用的技术属于《国家重点支持的高新技术领域》规定的范围;

4. 企业从事研发和相关技术创新活动的科技人员占企业当年职工总数的比例不低于 10%;

5. 企业近三个会计年度(实际经营期不满三年的按实际经营时间计算,下同)的研究开发费用总额占同期销售收入总额的比例符合如下要求:

a. 最近一年销售收入少于 5000 万元(含)的企业,比例不低于 5%;

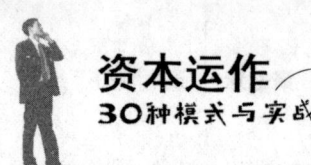

b. 最近一年销售收入在 5000 万元至 2 亿元（含）的企业，比例不低于 4%；

c. 最近一年销售收入在 2 亿元以上的企业，比例不低于 3%。

其中，企业在中国境内发生的研究开发费用总额占全部研究开发费用总额的比例不低于 60%；

6. 近一年高新技术产品（服务）收入占企业同期总收入的比例不低于 60%；

7. 企业创新能力评价应达到相应要求；

8. 企业申请认定前一年内未发生重大安全、重大质量事故或严重环境违法行为。

第八章　项目融资

模式 18：BOT 项目融资

案例分析：一个值得借鉴的跨国 BOT 项目

马来西亚的南北高速公路建设是目前发展中国家运作 BOT 项目的一个成功案例，很值得中国企业借鉴，尤其对那些有意在海外进行 BOT 融资的企业更是如此。这一项目所建造的公路，从南到北全长达 800 公里，南靠新加坡，北临泰国，其中有一部分路段是收费公路。为了建设这一项目，马来西亚联合工程（United Engineer）公司专门组建了一个名为普拉斯的新企业，以项目发起者的身份，进行这条高速路的建造、设计、经营及筹资。这一项目的总成本为 18 亿美元，特许经营的期限为 30 年。

在项目资金的构成中，有 9.21 亿美元是普拉斯公司的股本，由项目的发起人分别从伦敦、香港、新加坡的资本市场筹集。另外 1.8 亿美元则是这家企业的股份资本。这一高速公路项目的筹资，采用了传统资本结构，其中包含

资本运作
30种模式与实战解析

权益资本和负债。项目自有资金之外的部分，90%来自银行的贷款。这个南北高速公路项目得到了高度的政府担保。政府给予的援助性贷款达到了2.35亿美元。占到从开始筹建到项目建造完成所需整个成本的13%，约定这一笔贷款要在25年之内还清，而在前15年之内可以延期支付，固定的年利率是8%。政府还提供给普拉斯公司一个最低营收担保，就是说，如果公司前17年内的经营因为交通量的下降以致出现资金流动困难，政府将会额外再提供资金。与此同时，马来西亚政府又授权普拉斯公司经营一条长达309公里的现有高速公路，普拉斯不需要为购买这一路段出资，但一部分通行费收益将会用于新建的公路。马来西亚政府还对这一项目提供了外汇方面的担保：如果汇率降低幅度达到15%，政府就会补足相应的缺额。对于贷款利率，政府也提供对应的担保。如果贷款利率升高的幅度在20%以上时，政府也将补足出现的还贷差额。

在高速公路项目的BOT融资操作中，马来西亚政府和普拉斯公司签署了一份固定总价合同，此后，就由普拉斯公司和各分包者分别签署固定总价格合同。

对于公路的收费，这条高速公路通行费率由马来西亚政府与普拉斯公司共同决定。日后的费率如有升高，就要与马来西亚的物价指数相关联。为缓解各分包人现金紧缺的压力，项目发起者同意各分包人提出仅以现金偿付合同总价格的87%，此外的13%，则转为分包人入股的资金，而这些股份资本只有在项目建设完成大约7年之后，才可进行转让。这些举措将有效地将权益资金风险转移给项目的各分包人。

马来西亚南北高速公路的建设，按BOT项目融资的方式筹集资金，对项目经营人和投资人而言，资金投入的收益是相当可观的。当时预估普拉斯公司在30年特许经营期间能获取大约2亿美元的净利润。而作为工程的总承包商，还可以在7年建设期里由工程承包得到大约1.57亿美元的利润。而政府将已建设完成的309公里高速公路的管理和经营交给普拉斯公司，相应的经营权益当然也转给这一家公司，这就有效地大幅减少了此项目的投资和经营人所面对的资金压力。

案例分析：刺桐大桥首开国内BOT融资

国内首个成功的BOT项目融资案例是20世纪90年代的刺桐大桥工程。这起融资或投资运作是由泉州名流实业股份有限公司发起的，当时成立了刺桐大桥投资公司。这一BOT项目引来了三方的投资，包括泉州市路桥建设开发公司、福建公路开发公司、福建交通建设投资公司。名流实业在刺桐大桥投资公司中占股达到60%，福建交通占股为15%，福建公路占股也达到15%，泉州路桥占到10%。

名流实业虽是民营企业，却在这一桥梁项目中，占有绝对的控股地位。项目的资金是从银行贷款获得。当时泉州市财政局向银行出具了一个泉州刺桐大桥工程还贷承诺书，银行据此将1.2亿元贷款发放给刺桐大桥投资公司，而这家公司必须在5~8年内将钱偿清。这一BOT融资项目的关键是泉州财政局做出了还款承诺，否则，无法成功地融资。那么，为何政府愿意为这一项目做

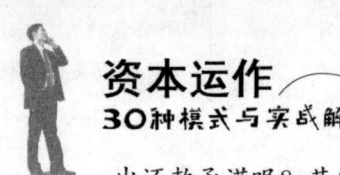

出还款承诺呢？其实，理由是非常充分的。一是刺桐大桥工程项目作为市政工程，解决的是老百姓行路难问题，这座大桥就是一个公用设施。二是泉州财政局与刺桐大桥投资公司签有协议，如果工程三年之内还不能完成，就由地方政府接手继续建。这时，所有的投资都由政府接过来，即使从最差的结果做推想，因为各方已经有充足的资金投入，地方政府无论如何都不会赔钱。

实际上，从1995年5月18日大桥开始建设，到1996年11月8日，整个工程都已竣工，可以通车运作。原来计划3年完成的工程，现在只用1年半就完成了，仅用计划时间的一半，还是保质保量地完成的。因为按照合同，大桥建成后由刺桐大桥投资公司管理收费，早一天建成，就早一天收费。工程还需要保证质量，这样才能保证30年的顺利经营，而一旦出现质量问题，就得赔钱修补漏洞。因此，建桥期间的监督特别严格，不仅有监理公司把关，所有的投资人全都关心工程质量，可以说是在工程期间实施了不间断的监督。

专家解读：BOT项目融资

BOT项目的意思是建设—经营—转让（Build-Operate-Transfer），指的是民营企业参加基础设施的建设，为社会和公众提供某种公共服务的运作方式。有时候，BOT项目又被称为特许权项目。也就是说，政府部门针对某一基础设施项目，与项目公司或某家民营企业签署特许权协议，给予签约的民营企业相应权利以承担这个基础设施项目融资、投资、建设、维护与经营的工作。在合同规定的特许期内，这家民营企业向该设施的使用者适当地收费，以抵偿项目建造、投融资、维护和经营的成本，由此取得相应的收入和回报。政府则拥有此项基础设施的调控和监督权，在特许期满之后，签约的民营企业须将这一基础设施有偿或无偿地移交给相关政府部门。

从前述马来西亚南北高速公路建设的例子可见，BOT项目的操作过程中，主要涉及工程建设发起人、接受服务者或产品购买者、债权人、供应商、运营管理商、政府、项目发起人、保险公司等各方，其中，政府是项目能否成功最为关键的环节。而BOT项目的实施，主要有下述几个步骤：

1. 项目的发起方成立项目公司或项目专设公司。这一专设的项目公司，将与项目所在国的政府或是相关政府部门达成BOT项目的特许协议。

2. 项目公司与商业银行签订贷款协议或与出口信贷银行签订买方信贷协议。

3. 项目专设公司要与工程建设承包商签订相应的建设合同。在项目运作过程中，还须得到保险公司对设备供应商和建筑商的担保。项目公司还要与项目的运营承包商签订项目经营和管理合同，以保证项目建成后的经营管理。

4. 当项目进行到经营阶段以后，项目专设公司要将项目收益转给某信托担保公司。信托担保公司再将这些收入用在偿还银行的贷款上。

从上述案例中BOT项目融资的方式可以看到，在内涵上，BOT项目有一个相当显著的特性，那就是某种程度的"权钱交易"。政府授予私营企业或公司对某一个项目的特许权，由这家企业全权承担项目的经营和建设。政府不需要付款，从权利转让就可使涉及民生的重大项目得以建成，还产生出巨大的社

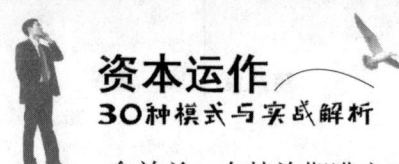

会效益,在特许期满之后又可收回这一项目。

而投资人因拥有某一时期特许的权益,BOT项目实际上是一个相当好的投融资机会,由此必能赚取相应的巨大利润。由此可见,BOT项目能使各方获利,投资的效果是比较好的。此外,BOT项目还具有下述的优点:

1. BOT项目可减少或避免政府投资可能会带来的各样风险,其中,包括市场、汇率、效率、技术、利率等多种风险。

2. BOT项目可以使用私人企业的投资,减少来自政府的直接投资和公共借款,也可减轻政府的财政负担。

3. BOT方式有助于提高项目运作的效益。一方面,BOT项目大多会涉及巨额的资金投入,又有项目周期较长引起的风险,且因私营企业的参入,相对于政府,发放贷款的金融机构会对项目有更严格的要求。另一方面,私营企业为减少项目风险,获取更多的收益,也必将加强项目的管理,控制工程造价,压低项目的建设费用,缩短建设时间。

4. 在BOT项目的进行过程中,还会带来培训本国人员、发展资本市场、技术转让等多种相关联的益处。

5. BOT项目可给大型的承包企业及相关企业带来更多发展机会,这就有益于促进就业率提高和经济的发展,产生溢出效益。

6. BOT项目的运作过程,与当地法律和法规息息相关,这样一来,运作BOT项目就不仅有益于培养各类专业人才,也有利于项目所在国法律制度的完善和健全。

7. BOT建设方式可以提前满足公众与社会的需求。使用BOT运作方式,可在民营企业积极的参入下，使那些本来政府急于建设却又暂时无力建设的基础设施等项目，现在可以提前建成并发挥效用。这将有助于满足广大公众的需求，并促进整个社会生产力的提高。

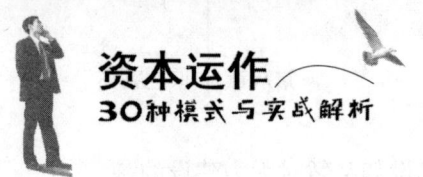

模式 19：项目包装融资

案例分析：迪士尼乐园是项目包装运作的典范

项目只有经过富于创意的包装，展现出广阔的市场前景，才可能顺利地获得融资。迪士尼乐园的项目包装特点，就在于其根深蒂固的创意精神，形成了一个具有美国精神内核的创意路线和创意传统。这样成功的项目包装，不难打开消费市场。这样的项目融资当然非常容易，甚至都是资本自己找上门来。

迪士尼乐园的项目包装是长年打造的结果。早在1919年，沃尔特（Walt Disney）就与伊沃克斯（Ubbe Eert Iwerks）相遇，这两个青年非常投缘，成立了伊沃克斯－迪士尼商业美术公司。伊沃克斯漫画技艺堪称一流，沃尔特则富于商业头脑，思维敏捷。迪士尼最初是靠米老鼠起家的。其中，沃尔特是商业运作的构思者，伊沃克斯是米老鼠卡通形象的设计者。在那段艰难起步的岁月里，伊沃克斯曾经创下一个工作日手绘700张卡通漫画的奇迹。商业运作加上内容和创意，造就了迪士尼早期的成功，而沃尔特和伊沃克斯两人正好在这两方面取长补短。这些富于创意、丰富多彩的漫画内容，经过商业运作的检验，成为后来迪士尼乐园项目包装的重要元素和构件。

1955年，精心包装的全球首个迪士尼乐园，由沃尔特在美国加州建成，立即取得了巨大的成功。最初的项目融资当然不是问题。这一创意还成就了迪士尼公司的一个飞跃，为后来迪士尼乐园的建设打开了更广阔的融资道路。直到现在为止，全世界已经建成6个迪士尼乐园，分别位处洛杉矶、奥兰多、东京、巴黎、上海、香港。迪士尼乐园不是主题公园的开山鼻祖，却是主题公园中连锁规模最大的。从1955年建立洛杉矶迪士尼乐园开始，迪士尼就成为当代美国最具有影响力的符号和标志。此后的1983年，在日本建成了东京迪士尼乐园，同样获得了令人瞩目的成功，被称为亚洲第一游乐园。法国则于20世纪80年代末在巴黎兴建迪士尼乐园。在2000年，中国香港特区开始筹建迪士尼乐园，于2005年9月12日开园。上海的迪士尼乐园于2016年6月16日正式开园。

每一个迪士尼乐园都蕴含了丰富的文化主题和创意，将动画片中的刺激、魔幻、色彩等多种表现手法，与游乐园的多种功能相配合，并应用现代科技，为游客打造出充满奇特、梦幻、惊险的世界，使游客在其中感受到无穷的乐趣。迪士尼乐园除童话仙境之外，又是一个大集市和市民中心，其中，附带着商业小镇、老祖母农场、科学幻境、童子军巡逻队及旋转俱乐部等。迪士尼乐园的特点是堆集了许多游客可能熟悉的信息和符号。为使这些符号能快速地被消费者所识别，就需通过精心的复制，以保持其原汁原味。

在各个主题公园之中，游客似乎既能获得发现的惊喜，又可获得识别的满足。伴随迪士尼乐园在美国、日本、法国的发展，迪士尼幻境几乎成为虚拟的代名词。当然，这6家迪士尼乐园，几乎有着一模一样的模式，都具有万物家园、冒险乐园、新奥尔良广场、米奇童话城、荒野地带、欢乐园、未来世界、美国大街8个主题园区。大体统一的项目包装，以一致的核心创意为基

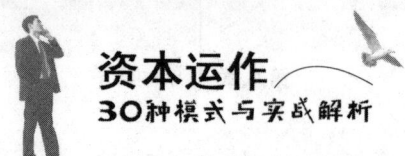

础,也带来了一样的市场业绩。

当然,在迪士尼乐园中也有项目的更新,这每次的项目更新都是一次包装,都会给迪士尼乐园引来一拨儿新的游客。每次迪士尼的新乐园建造和新的项目包装,都能为自己增加知名度,产生出更多的客流量。迪士尼乐园所取得的一系列圆满成功,带来了强大的示范效果,使主题公园这一游乐形式在全世界各地得到普及推广。

专家解读:项目包装是融资所必需的

项目包装融资就是按市场需要,经细致的策划和构思,对需要融资的项目进行包装和运作,以获取资金的一种融资方式。实际上,每个项目都离不开包装,因为这是获得融资,进而得到良好社会和经济效益所必需的。

项目包装不是可有可无的,而是成功获取融资的基本因素。在包装实施的过程中,先要对项目各要件进行充分的准备,并尽可能地加以完善,对于项目外观、名称、所用材料、环境等都要进行精细的设计和策划。当然,这需要以实际趋势评估做基础,要保证项目本身合乎市场和经济的规律,并处在朝阳产业之中,具有增值发展的前景和市场效益。还需要分辨这一项目是短期就能有效益的,还是在长时间之内收回投资收获利润。这样,投资者就能根据成本的核算,按照投资风险、社会需要、项目增值前景,做出有利于项目进展和自身利益的投资决策,也有利于在未来根据项目需要追加投资。

从全球知名企业的发展过程来看,他们都在市场运作的过程中相当看重项目包装，甚至将项目的包装看作后期营销过程的有机构成部分。

在具体的层面上，项目包装融资想要获得成功，一定要有一份有吸引力的、优秀的项目说明书。也就是说，通过项目说明书，使这一项目包装融资能吸引投资人的眼球，从中看到投资的前景，以及适于投资的良好环境。

对于投资风险，项目说明书应该做出有说服力的论证。融资的企业，必须站在投资者的角度来编制这份项目说明书，将项目特色突出地表现出来。进行项目包装融资的项目说明书更需要具有独特性，否则，包装就失去意义了。如果不能吸引投资人的注意力，有关利润、回收期、投资额的内容都会黯然失色。大体上，项目包装融资的说明书，与一般项目说明书有着相似的要项。包括下述8个方面：

1. 说清项目现状。比如项目所依据的法律法规，国家和地方经济、产业经济政策等，还有项目的主管部门情况以及是否已立项。项目现状说明要与相关的国民经济规划、专业协作规划、行业发展规划等联系起来。

2. 确定合适的项目名称。要使项目名称与世界通用的标准相一致，注意避免高科技、化工、医药等用语在翻译和使用过程可能出现的错误。

3. 阐明项目的前景。结合本行业的发展趋势、将来可预见的相关影响因素、时代发展的趋势等，说明这些因素对于项目的营销前景和盈利前景的作用和影响。

4. 描述项目的合作伙伴。这涉及合作伙伴的经营现状、企业战略、成长经历，还应叙述一下合作伙伴高管人员的履历和业绩。

5. 做出令人信服的市场和财务预测。市场预测要点在于分析国内和国际的

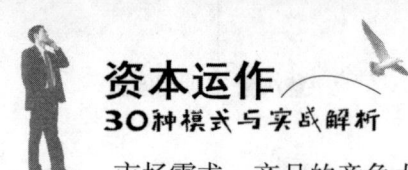

市场需求、产品的竞争力。需要对现今产品市场的状况、未来3~5年以及长期的市场占有率、产品的出口和内销比例等，做出科学的预测。应具体地说明企业的营销战略和产品经销的网络。

财务预测涉及经营的收入和成本、项目计算期、经营税金和附加费、应付利息、折旧费等，这是财务预测的前提。由此得出投资回报率、投资回收期、年内部收益率、净现值等财务方面的结论。

6. 进行投资概算。重点在于编制出总投资费用支出预算表、建设投资估算表、资金筹措表等，要估算出各方出资列项及比例。这涉及产品、项目规模、投资方初步出资比例的建议、投资合作方式等。

7. 说明项目合作方式和融资需求。应表明项目合作方式、建议的融资方式、投融资的流程表、合作的管理方式等。

8. 陈述基础设施等条件。如项目所在地工农业产值、进出口状况、支柱行业等，以及与项目有关的水电、交通运输等。

一项优秀的项目包装融资，都有其相应的特征，具有好的创意贯穿其中，这样的创意尤其需要体现在科学性、可行性、规范性、吸引力四个方面。中小型企业在写作项目说明书的时候，应将这些特征表现出来。可以参照下述几点，将项目说明书写好：

1. 不要对投资环境进行一般性表述，要针对具体的投资环境和项目本身进行论述。项目说明书一定要做出回收保证，并有很强的市场意识。

2. 有一些项目要求可以是意向性的。比如，以知识产权或无形资产用作项目交易，又如技术的升级、产品的二次开发、品牌的使用、工业设计方案、提供海外市场等。

3.直接表明商品出口的需求，如土特产、原材料、日用品、资源等产品。企业还可以直接地寻找海外客商和相应的市场，或委托从事外贸的企业提供专业服务，以及符合国际标准的产品说明书。

4.项目说明书需要特色和亮点，应该让专业人士帮助撰写较好，不应模式化。除文字之外，实物、声光电技术、图片等都可用到项目展示中，但也不要太复杂或过于豪华。

第二部分　投资推动资本

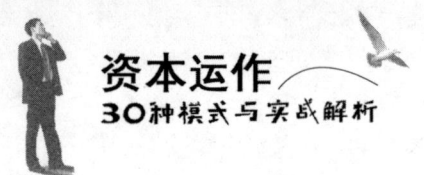

第九章 股权投资

模式 20：天使投资

案例分析：雷军的天使投资理念

小米科技的创始人雷军，也是一位天使投资人。2007年，金山软件于港交所上市两个月之后，雷军就辞去金山的CEO，一心一意地做起天使投资人。此前，雷军也偶尔做过几笔投资。雷军天使投资的著名例子有UC优视、凡客诚品、拉卡拉、欢聚时代、多看、乐讯、乐淘等。

雷军进行的第一个较大的天使投资是拉卡拉，因为这家公司的创始人孙陶然是自己的朋友。雷军后来回忆："2004年底，有个好朋友找联想投资融资，我去帮忙背书，我说这个很牛，很厉害，他一定能做得成。"因此，雷军就投进了415万元。网易的总编辑李学凌也是雷军的朋友，当李学凌创建欢聚时代的时候，雷军又投资400多万元，而这一次是借钱投资，借了400余万元。后来，欢聚时代成功地在美国的纳斯达克上市，带给雷军丰厚的收入回报。雷军曾经说，天使投资就像是玩"六合彩"，投进去的钱很有可能一分也收不回来；但也可以将天使投资看作朋友之间凑份子，成功之后的回报可以超过千倍。实际上，雷军是一个对趋势有着精准判断的人，但他的原则是只投熟人。

雷军从对趋势判断和把握的角度出发，提出了一个"顺为资本理论"，就是要顺势而为。在雷军做天使投资人的那些年里，他顺势的方向是电商、网络社区、移动互联网等。凡客诚品、乐淘是电商，欢聚时代、乐讯是社区，UC优视、多看科技则是移动互联网。雷军的天使投资是沿着这样的三条主线走。雷军常对创业人说，找天使投资的时候不要在会议上递交自己的方案，投资者一般都不会看。他建议找自己的同事、领导、朋友，找熟人帮忙。雷军自己做天使投资时坚持3个中心理念：

1. 帮忙而不添乱。创业者的意见和想法是特别多的，投资人要避免对创业者有太多的自以为是或是颐指气使。

2. 只投熟悉的。对于那些不熟的人不要投，不熟的领域当然也不要投。这是因为对投资人而言，最关键的是建立起信任度，只有彼此之间相互信任，对方才能听得进自己的建议和意见，彼此也就容易互动起来。

3. 投人而不投项目。雷军曾说，自己的任务是找寻那些可闭着眼睛投钱的人。这是因为什么事情都可能会发生，但那些优秀的人总是会成功的。

案例分析：苹果靠天使投资发家

1976年元月，在惠普上班的史蒂夫·沃兹尼克（Steve Wozniak）非常得

意地拿着自己研发的Apple计算机主板,努力地向惠普公司推荐这一成果。尽管他满怀热情,惠普公司却告诉他:这并不是公司现在需要开发的东西。这时,沃兹尼克的好友史蒂夫·乔布斯(Steve Jobs)就对他说:"既然这样,我们为什么不自己来卖这款主板?"于是,苹果公司就这样产生了。

苹果最开始启动的钱很少,且资金都来源于这二位创业者。沃兹尼克卖掉自己珍视的HP-65可编程计算器,得到了500美元。乔布斯则卖了大众汽车,原本谈好的价钱为1000美元,但没过多久汽车的发动机坏了,结果只卖出500美元的价钱。好在乔布斯迅速地找到了买主,这时苹果可通过卖产品获取一些资金。当时有一笔不错的生意,美国字节商店同意用500美元的价钱买50个苹果的电路板。而字节商店是美国首家计算机零售连锁店。

直到迈克·马库拉(Mike Markkula)1977年的加入,苹果公司的资金匮乏状态才得到缓解。马库拉曾投资英特尔,由此发家和成名。现在马库拉看中了苹果公司,不但自己加入苹果,还成了苹果早期的投资者,除了自己投进9.2万美元之外,又筹措了69万美元,他还做担保由银行借到25万美元的贷款,资金总额达100余万美元。马库拉看好这家公司,认为苹果将在5年之内跻身于全球500强。

到1979年的夏天,苹果又一次融资,这一次参加投资的都是世界级的风险投资公司及商业银行。如施乐公司旗下的施乐发展公司就投入了105万美元。这也是苹果上市前最后的融资。苹果在1980年12月12日上市,当时每股的发行价为14美元,当日即以22美元的价钱开盘,数分钟之内460万股被一抢而空,当天收盘价达到29美元。这一天,24岁的乔布斯身家达2.17亿美元,马库拉的身家达到 2.03 亿美元。相比他 9.2 万美元的天使投资,财富的升值达到 2200 倍。

苹果公司在 1983 年的 5 月进入财富 500 强,排名在第 411 位,从苹果公司成立到进入 500 强,仅用了 7 年时间。较马库拉的估计多两年。沃兹尼克和乔布斯虽然拥有个人电脑的伟大概念,但苹果电脑的成功,却离不开马库拉的 9.2 万美元天使投资。

专家解读:天使投资的机遇和瓶颈

天使投资一词来源于 1978 年美国纽约的百老汇,这是权益资本的一种投资形式。指的是有一些拥有财富的人士,对于具备巨大发展前景的高风险创业企业,所做的早期、直接的投资。天使投资属分散而自发的民间投资,进行这类投资的人被称作投资天使,所投资本则被称为天使资本。实际上,天使投资也是一种风险投资。

天使投资人投入资金到一家新创公司之后,不应该就此放任不管,还应该利用自身资源从多方面帮助所投企业。因为这也关乎是否能顺利收回投资,并取得盈利。对于接受天使投资的企业来说,也应该乐于接受天使投资人各方面的协助。天使投资人参入投资后管理,主要涉及以下 3 个方面:

1. 帮助创业公司规范企业的治理和管理。这是因天使投资所投企业一般都还处在新创阶段,往往需要厘清企业的发展方向,协调企业战略和执行的关系,许多时候企业的业务计划也不完善。这都是天使投资人投资后管理的参与方向。尤其需要注意的是许多新创公司的创业者还是首次创业,犯错误是难

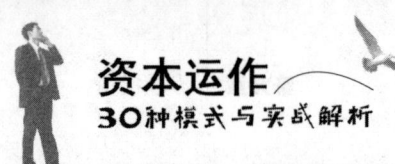

以避免的,甚至是无法避免的。天使投资人要努力防止创业者犯下无法挽回的大错。

2. 还应该帮助被投的企业进行再融资。创业的新公司在自身发展的初期,可能没有一点收入,但高新技术项目常常需要较多资金,这就使这样的企业很难做到资金的盈亏平衡。天使投资人应该尽自己最大的能力帮助这样的企业获得再融资。再强大的团队,再好的商业模式和创业理想,再有前景的创新技术,都无法承受长期资金匮乏的后果。有人将这种新企业比较普遍的现象称作企业的严重缺血,特别需要通过再融资补血。

3. 帮助被投企业进行资产管理。天使投资者的投资实际上是一种商业行为,要求回报属自然之理。当然,短期的亏损可能难以避免,但至少在某个较长期限内对于收益回报是有期待的。这样就需要建立资产管理项目来追踪企业估值体系、定价制度、市场营销计划等多个方面,对于财务、董事等事项的议定条款都要保证及时落实。

当然,就资产管理而言,重要的业务合同、关键的融投资活动、各期财务报表、高层管理人员任免、企业经营范围变更等,都在注意和追踪的范围之内。这就是说,对于企业的资本运作和与资产管理相关的重大运作,更要密切地加以注意并按投资合同积极参与其中。这样,就能更好地对企业资产事项做出决策,帮助企业更好地管理资产,保障天使投资人的利益,以期获得更大的收益。

天使投资对于新创企业和中小企业来说是重大机遇,但是在现实的企业经营环境中,天使投资也存在着发展的瓶颈。这不仅不利于急需天使投资的那些企业的发展，也制约了整体经济的发展，需要认真对待，加以克服。现阶段天使投资的瓶颈尤其表现在下述方面：

1.天使投资者与新公司项目间存在信息不畅通。近些年以来，随着互联网技术的快速发展，已有一些涉及投资项目和资金的专业网络平台，使企业项目及天使投资人之间建立了信息的交流。但因天使投资人具有分散性，上网的项目也存在有限性，这就使天使投资与企业项目间信息的传播渠道不太充分，也使投资的选择效率大为降低。

2.天使投资的环境还不完善。这又突出表现在天使投资相关法规缺位和天使投资退出渠道缺乏等方面。国内现有证券市场的效率有限，难以为天使资本的退出保证有效的渠道。以2010年3月1日开始实施的《创业投资企业管理暂行办法》为例，这一办法并未将非专业投资机构和个体投资者包括进去，而这类主体恰恰形成天使投资者的主要部分。因此，目前关于天使投资的立法仍处在空白地位。

3.总体而言，创业人的诚信水平还有待提高。因国内民间信用的机制还不够完善，这使企业不守信用的事情常有发生。有一些创业人在取得资金以后，没有合理地使用，或在盈利之后隐瞒所得利润，没有给天使投资人分红，这就在某种程度上，抑制了天使投资者投资的积极性。

4.天使投资的文化环境还有待改善。天使投资在国内还是一个比较新鲜的词，甚至还有不少金融从业人士对天使投资的运作模式及特征比较陌生。社会上有许多有钱的潜在天使投资者也缺少天使投资常识，或缺乏投资所需的创新冒险精神，这都大为妨碍了国内天使投资活动的开展。

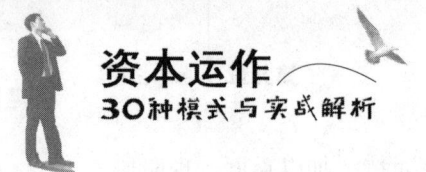

模式 21：风险投资

案例分析：Facebook 估值随风投剧增

在 2005 年，Accel Partners 和 Breyer Capital 这两家风投公司领投了 Facebook（当时叫作 Thefacebook 公司）的 A 轮融资，投入 270 万美元，拿到了 15% 的股权。在 Accel Partners 和 Breyer Capital 投资 Facebook 之后，Facebook 公司估值达 8750 万美元。在早期社交媒体的时代，这是一个惊人的数字。因此，差不多一年以后，一些投资者开始疯狂投资这家创业不久、从事社交媒体的企业。

也就是在 2006 年，因为公司营收和用户数量的双重增加，Founders Fund、Meritech Capital Partners、Greylock Partners、Interpublic Group 等公司也参与到 Facebook 的 B 轮融资之中。但是，在蒂埃尔（Thiel）等风险投资家眼里，Accel 和 Breyer 的投资估值过高，不值得效仿。因为 Facebook 在 2006 年拥有的用户虽有 1200 万，主要却集中在大学里面。即使每年秋天都有 1500 万～2000 万学生进入大学校门，Facebook 还是被局限在学术的圈子里，难以接触到更广阔的外面世界。可能以后年复一年都是这样。不过，Facebook 的 B 轮融资额度还是达 2750 万美元，这使 Facebook 公司的估值达到 4.68 亿美元。

Accel Partners 和 Breyer Capital 这些早期投资者，后来都看到，当

Facebook 进行 IPO 时，筹集资金的规模达到 160 亿美元。而以发行价计算，Facebook 的市值达到 1040 亿美元。也许，这就是风险投资的魅力。那些当年低估 Facebook 的投资圈内人，没有想一想用户们在毕业之后是否还会依旧使用 Facebook。当然，他们也没有想到 Facebook 会扩展到校园之外，甚至还进入到全球许多国家。

案例分析：阿里巴巴引进风投之路

阿里巴巴其实是引进风险投资的典型案例。在 1999 年初，马云产生了一个想法，要回杭州创立一个为全球中小企业服务的电子商务网站。回杭州以后，马云与创业团队在他湖畔花园的家中一个 100 多平方米的地方，开始创立了一场轰轰烈烈的事业。这个阿里巴巴的创始团队包括马云的妻子、马云在大学教书时的同事、他的学生等人，集资 50 万元。

当时阿里巴巴的首席财务官是蔡崇信，舍弃 75 万美元的年薪和某投资公司中国区副总裁的职位，来拿阿里巴巴的薪水。阿里巴巴网站建立的时候，英文版《南华早报》、美国《商业周刊》主动报道了这家网站，也使这一小站点在海外开始有了一点名气。但这一网站很快就遇到了发展瓶颈：账上无钱。这时，通过蔡崇信的关系，阿里巴巴在 1999 年 10 月得到一笔 500 万美元的天使投资，这使马云长长地松了一口气。不过，出人意料的是，更大的投资盯上了阿里巴巴。就在 1999 年秋季，日本软银公司总裁孙正义约见马云，答应给他 2000 万美元的风险投资，还同意阿里巴巴的管理团队绝对地控股。这就是阿里巴巴 2000 年到位的第二笔融资，总计 2500 万美元的风险投资，分别

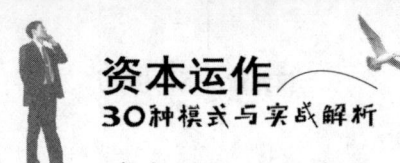

来自软银、汇亚资金、富达、瑞典投资、TDF等6家风险投资商，软银投入2000万美元。阿里巴巴的管理团队仍保持绝对控股。在经过长达两年之久的互联网寒冬之后，马云于2004年2月17日在京宣布，阿里巴巴获得8200万美元的战略投资。这是马云的第三次融资，其中软银公司出资6000万美元。马云的管理团队仍是阿里巴巴第一大股东，占47%的股份。第二大股东软银占20%左右，富达占18%左右，其他几个股东合计占15%左右。

而这一数额巨大的第三轮融资仅仅是一个前奏，第二年8月，软银和雅虎又对阿里巴巴投资数亿美元。此后，马云创办淘宝网、支付宝等，还创立阿里软件公司，购买雅虎中国。这样一直走到2007年11月6日，阿里巴巴作为全世界最大B2B公司，在香港的联交所上市，由此登上国际资本市场的舞台。阿里巴巴还以260亿美元的市值超过了腾讯和百度，成为国内市值最大的互联网企业。

而风险投资人也在阿里巴巴的成长中收获满满。作为阿里巴巴的两大股东，软银和雅虎在阿里巴巴上市的当天，账面上就获得巨额回报。

根据阿里巴巴招股说明书，阿里巴巴在行使完超额配售权后，持有公司72.8%的股份。据此估算，软银公司间接占有阿里巴巴21.33%的股份。到上市当天收盘，阿里巴巴的股价达39.5港元。市值升到1980亿港元，大约为260亿美元。那么，软银间接拥有阿里巴巴的股权价值约55.45亿美元。在2005年雅虎入股阿里巴巴时，软银还套现1.8亿美元，以软银当年风投阿里巴巴的8000万美元计算，这时的回报率高达71倍。实际上，软银不是第一个投资阿里巴巴的风投商，马云得到的第一笔天使投资有500万美元，当时高盛公司是领衔者，携手亚洲、欧洲、美国一流的基金公司共同参加。软银直到阿里巴巴进行第二轮融资时才开始出现，但却能长期坚持下来。不只是对马云投入资金，还在此后发展中不断地支持阿里巴巴公司。特别是在2001—2003年的互联网低谷时期，软银伴随马云整个团队一路坚持下来。这才使马云能玩到今天这么大的规模。雅虎介入到阿里巴巴公司不到两年，却也是收获巨大。雅虎作为阿里巴巴的大股东，间接地占有阿里巴巴28.4%的股权，当时的市值高达73亿美元。而且，雅虎还作为基础投资者用7.76亿港元购买阿里巴巴新股，购入价每股13.5港元，达7.1%的股份，购入当天就升值到22.7亿港币。

另外，自从阿里巴巴第三轮融资以来，原有的一些风投商开始陆续地套现。这就使他们错过了后来更好的收获时节。1999年给予阿里巴巴最初天使投资的高盛集团，因公司战略改变，退出中国风投市场，所持股份由新加坡震慧投资公司接手，而震慧投资创始人托马斯以个人身份早在1999年即投资阿里巴巴。但这时震慧也套现退出。后来，富达等风险投资商也都逐渐套现。到阿里巴巴上市前，只有软银一家还在阿里巴巴股份中持续占有主要地位，而当年的风险投资商已全部退出。所以，在阿里巴巴，软银成为风险投资的最大赢家。软银的孙正义是一个相当聪明的人，马云对他有很高的评价："他是一个非常有智慧的人。我见过很多VC，但很多VC并不明白我们要做什么，但这个人六七分钟就明白我想做什么。我跟他的区别是，我是看起来很聪明，实际上不聪明。那哥们儿是看起来真不聪明，但他是很聪明的人，真正叫大智慧的人。"

资本运作
30种模式与实战解析

从阿里巴巴的例子可看到风险投资对于一个创业公司的重要作用。不过，创业公司具有清晰的思路也是很重要的，如果能将这一思路表达清楚，就不愁找不到风险投资者。马云曾谈到自己争取风险投资的体会，很有启发性："创业者和风险投资商是平等的，VC问你100个问题的时候你也要问他99个问题。在你面对VC的时候，你要问他投资你的理念是什么？我作为一个创业者，在企业最倒霉的时候，你会怎么办？如果你是好公司，当有七八个VC会追着你转的时候，你让他们把你的计划和方法写下来，同时对你的承诺是什么都要写下来，这是互相的约束，是婚姻合同。跟VC之间的合作是点点滴滴的，你告诉他我这个月会亏、下个月会亏，但是只要局面可控VC都不怕，最可怕的是局面不可控。所以跟VC之间的沟通交流非常重要，不一定要找大牌。跟VC沟通的过程当中，不要觉得VC是爷，VC永远是舅舅，你是这个创业孩子的爸爸妈妈，你知道把这个孩子带到哪儿去。舅舅可以给你建议、给你钱，但是肩负着把孩子养大的职责的是你，VC不是来救你命的，只是能把你的公司养得更大。"

马云明白，风险投资给了自己很大的帮助。虽然如此，他还是要保持阿里巴巴的持续控股，因为即使是中国的大型公司，在面对跨国企业的时候，很可能就像是小鱼面对大鱼，还是有被吃掉的风险。这样的竞争法则，使他不能安于现状，既要大胆地引入风险投资以促进公司长久发展，也要保持公司已有的本色。而阿里巴巴成功地引入风险投资，给新经济时代的企业，尤其是高技术创业型企业，带来了非常有益的启迪。

专家解读：风险投资使公司从小做大

按全美风险投资协会（美国）的定义，风险投资是职业金融家投进迅速发展、具有巨大竞争潜力的新兴企业中的一种权益资本。这样来看，风险投资（Venture Capital Investment）尤其是指拥有资金实力的投资人对具有良好市场前景和专门技术的创业者进行资金支持，助其圆梦。这样的创业者或企业家一般都缺乏足够的启动资金。而风险投资者投进资金以换取企业部分股份，在满足企业资金需要的同时，期望在日后出售股权或取得红利来得到自己投资的回报。当然，这样的投资可能回报很高，但也要承担投资失败的高风险。

对于风险投资，可从广义和狭义两方面来看。广义风险投资可指所有具有高潜在收益、高风险的投资，而狭义风险投资则是对生产和技术密集型高新技术企业的投资。对于一个拥有丰富技术资源的企业来说，往往缺乏管理和资本资源。而在技术和科技产品还没有产生效益时，企业难以发行债券或股票，也难以从银行贷款，这就使一些具有很大发展潜力的企业夭折在起步的阶段。风险投资的介入，正好就解决了这些企业的难题。

因此，风险投资不仅仅是一项简单的投资，这项投资活动之中还包括管理、资金、市场机会、专业人才、技术等多方面的要素。这就使风险投资表现出如下特点：

1.这一投资的回报高、风险大，需要由专业人士或投资家循环地进行，表现出各项投资周而复始进行的特征。

2.投资的对象一般都是具有高成长潜力、高科技的新兴企业。

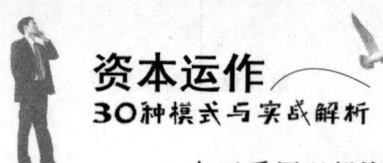

3.由于采用以投资换取股权的运作方式,如果投资人对于企业的前景看好,投资方会积极地参入到这种对新兴企业的投资活动中。

4.投资人参入到所投企业的各项重大战略决策和活动之中,还帮助企业进行管理和经营。

5.风险投资者与所投企业的关系是构建在合作和彼此互信的基础上。

6.投资人不以控制所投企业或公司所有权为目的,追求的是资金早日得到回报。

一般来说,企业引进风险投资的过程,可以分为四个阶段。

一是种子阶段。即发明和技术酝酿阶段,这一阶段的资金需求量不大。但技术人员、科技创业者、发明者、工程师的每一个解决方案和创意都需要变成样品,直至变成产品,仍然需要找到新的资金来源或投资渠道。这种资金又被称为种子资本,来自于家庭财产、朋友借款、自然科学基金申请、个人积蓄等方面。当然,也可以找风险投资公司(即投资人)进行合作。如果风险投资人愿意出资,就需建构一个小型股份企业,创业者和风险投资人各占一些股份,共同打造进入市场的产品。种子阶段的风险投资,在投资人全部投资中所占的比例甚少,大多不会超过10%,但却有很大的风险,主要是市场风险、管理风险、技术风险等。

二是导入阶段,即创建期。在这一阶段,产品也由测试形成原型,需进行产品试销并解决技术问题,市场分析、企业的经营计划和规划也已逐渐完成。不过,企业的管理结构和机制还不健全,需要在此阶段形成企业的管理机构。产品也还需要批量上市。此阶段的主要风险还是市场风险、管理风险、技术风险。当风险投资人看好投资对象时，风险投资的投入就会显著增加，这些投资被称作创业资金。

三是成长阶段，这时生产扩大、产品的技术得到发展，企业形成基本的规模。此阶段的风险投资被称为成长资本，来自于原风险投资人的增资和新风险投资的加入。此时已产生较大的销售收入，银行资金也进入企业，而技术风险已经不占主要位置，但管理风险、市场风险增大。因企业的技术日趋成熟，市场竞争者开始进行效仿，从而抢走一些市场份额。技术出身的企业高管需熟悉市场营销，在市场需要和技术先进之间进行平衡，还要改善企业的管理结构。风险投资公司则应积极评估资金风险，提供管理方面的咨询，参加公司的董事会，参入各项重大决策，协助更换或选聘企业管理者，由此分散、排除风险。成长阶段虽是风投的主要阶段，风险也大为减少，但利润也在下降，投资人在推动企业价值继续增加的时候，也需要认真准备套现退出。

四是成熟阶段。技术和产品都已成熟，企业生产进入到批量的工业生产阶段，这时的资金也被称作成熟资本。虽然此时资金的需求量相当大，但风险投资公司已极少再增加投资。一是因企业的销售产生大量的现金流入，二是企业已有能力发行股票或债券、吸引银行贷款。对于风险投资人来说，现在各类风险大幅下降，利润也降到不再有足够的吸引力。成熟时期虽是风投的收获时节，却也是退出的时期，风险投资人这时可用丰厚收入来回报投资人。

当然，在实际中这四阶段之间的界限可能并不明显，或是不同阶段出现重叠的情形，但作为分析的方法，来自产品周期理论的四阶段划分，还是很有用处的。

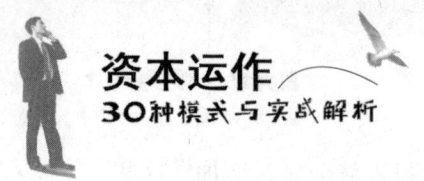

模式 22：股权收购

案例分析：蓝色光标的股权收购之路

蓝色光标成立于 1996 年 7 月，总部设在北京，现在全称为北京蓝色光标数据科技股份有限公司。从成立至今，蓝色光标一直秉持"专业立身、卓越执行"的业务理念，为公司客户提供以公共关系服务为中心专业的品牌管理服务。从现场活动和媒体传播的效果开始，逐步影响目标受众的观点、态度、认知，最终促使企业的销售增加及品牌形象提升，协助客户逐渐取得商业上的成功和竞争优势。

因此，20 多年来，蓝色光标带动了本土公关行业的繁荣和兴起，从 IT 领域扩展到金融、电信、医疗、汽车、政府及非营利组织、快速消费品等行业，地域范围从京沪广等中心城市扩展到全国。蓝色光标在 2018 年 4 月 10 日发布公告，企业名称由北京蓝色光标品牌管理顾问股份有限公司改变为北京蓝色光标数据科技股份有限公司，这意味着蓝色光标从营销型企业向数据科技型企业的转变。而在蓝色光标快速成长的背后，展现出一种股权收购的资本运作扩展模式。

蓝色光标于 2010 年 2 月 26 日在深交所创业板上市，其后股权收购动作不断，企业也在高速成长。大体上有3种股权收购方式。一是增资。因蓝色光标2010年2月上市即募集到6.2亿元资金，这时其支付方式多是利用上市募集的资金。在2011年3月，蓝色光标以自有资金向上海全资子公司增资460万元，共同出资设立励唐会展公司，自己所占股份为20%。二是股权转让。比如上市以后不久，蓝色光标以1800万元购得百合媒介3%的股权。三是股权转让和增资相结合。比如收购金融公关集团，香港蓝标以5000万港币增资，占到金融公关股权的25%。此后，香港蓝标再次收购金融公关15%的股权，对价3000万港币，从而一共拥有金融公关集团的股权达40%。Aries International 仍持金融公关60%的股权。在今久广告的收购中，蓝色光标也用了"现金＋股份"的方式，即出资的同时增发股票。

长期以来，蓝色光标通过股权收购不断地扩张，形成市值与利润双轮驱动的良性增长过程。当然，蓝色光标的股权收购也是谨慎和理性的，这尤其表现在收购中对赌协议的运用上面。如精准阳光的案例。精准阳光主营生活类杂志的发行及户外广告。蓝色光标按精准阳光承诺的2011年税后利润3250万元，以10.5倍市盈率确定交易价格。先以蓝色光标上海全资子公司出资1.74亿元，其中的3500万元向精准阳光增资，又以人民币1.39亿元接受增资后精准阳光原股东的股权。此番运作后总计持有精准阳光51%的股权。

精准阳光的原股东承诺，交易后的税后利润、年利润增长率、各年度经营性净现金流增长率等将要达到：2011年、2012年、2013年的税后利润各不低于3250万元、4225万元、5070万元，而2013年税后利润年增长率不低于20%；在2011—2013年盈利承诺期内，各年度经营性净现金流增长率不低于

同期税后利润增长率的80%。蓝色光标和精准阳光的原股东,对于未来实际盈利和预计盈利的差额做出约定,比如盈利承诺期内,经审计后精准阳光2012年、2013年税后利润未达到盈利承诺要求的97%以上,精准阳光原股东就应按下述公式以所持的股份进行补偿:每年补偿的股份数量=(截至当期期末累积净利润承诺数-截至当期期末累积实际净利润数)×收购股份总数(精准阳光总股份的51%)÷补偿期限内各年净利润承诺数总和-已补偿股份数量。而事实上,精准阳光满足了各年的对赌承诺。

蓝色光标的股权收购之路,成为其资本运作的主要支柱。实际上,通过多年的探索和经验积累,蓝色光标在股权收购方面已形成适合中国企业现状的、较为成熟的收购模式和风险控制方式。对于中国企业(尤其公关传播行业)的股权收购之路有如下提示:

1. 蓝色光标以上市起步,借募集所得高额资金,密集、迅速地开展业内股权收购业务,有效地将所募资金转为企业高市值,接着,又以发行股票方式持续进行配套融资及后续的股权收购。蓝色光标上市后的股权收购方式可明显看出这一脉络。蓝色光标上市时共募资金6.2亿元,企业账面上现金非常充裕,此时的股权收购差不多都以所募资金作为直接的对价支付。但在2012年底至2013年初,募集的资金大体用毕,而此时企业市值已经近百亿元。这百亿元市值给蓝色光标以后的股权收购带来更多主动权,在方式上,股权转让占了重要位置。

因此从2013年开始,蓝色光标股权收购的标的规模反而进一步增大,在方式上,也凭借自身高估值溢价多用定增的方式进行股权收购。

2. 公关营销传播业的属性适宜于以股权收购方式实现自身成长，因股权收购后易产生协同效应，实现业绩增长。公关营销传播业属轻资产行业，中心的资源是客户，股权收购时的主要目的有两点：一是整合不同的公关营销传播产品和服务，二是拓展不同行业中的客户或公司。经股权收购深入挖掘客户的需求，不断扩展客户群体，将公司的不同产品和业务富于创意地应用于同一客户，既提高盈利能力，还能够有效地扩大公司收入的规模。

由于行业的属性，使蓝色光标股权收购之后，因整合不佳和管理能力不足引起股权收购失败的可能性不大，被收购企业的业绩反而能得到很好的释放。

3. 因国内股权二级市场与收购市场之间，存在比较大的估值上的差异，高速的股权收购扩展，带来资本市场对蓝色光标未来业绩成长的更高预期，这就拉动了股价上涨，以此实现市值的跃升。市值增长又使蓝色光标在股权收购时处在更加有利的地位，这就意味着，高额的市值表明上市公司具有更多的资本市场发钞能力。

正因为这些原因，2013年以后蓝色光标的股权收购便更引人注目，规模也更大。这尤其表现在蓝色光标对跨国大公司的收购上。在2013年4月25日，蓝色光标宣告将以人民币3.5亿元收购世界公关巨头Huntsworth 19.8%的股份，从而成为这家公司的第一大股东。同年12月17日，蓝色光标对We Are Very Social Limited进行包括普通股和优先股的股权收购，操作完成以后，蓝标国际拥有We Are Very Social Limited 82.84%的股权。在2014年7月17日，蓝色光标宣布以2.9亿元对价并购美国Fuse 75%的股权，又一次开启了并购行动，这也是蓝标国际在美国进行的首次股权收购。同年12月16日，蓝色光标收购北

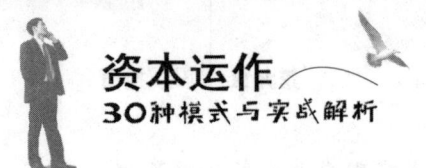

美的传播巨头 Vision 7，交易后蓝色光标大约拥有 Vision 7 公司 85% 的股份。

到了 2018 年 3 月，蓝色光标用 1.5 亿元投资考拉科技旗下的深圳众赢维融科技有限公司，交易完成后，蓝色光标持深圳众赢 25% 的股权。这一次的股权收购，具有相当不同的含义，此次属于战略型投资，加快了蓝色光标向科技数据公司的转型。

专家解读：股权收购推动企业扩张

股权收购是针对目标公司股东的全部或部分股权为收购目标的收购。雀巢公司 2011 年 12 月以 17 亿美元收购徐福记 60% 的股权就是此种收购的典型例子。控股式收购将使某一公司拥有足以控制另一公司的优势股份，但并不影响被收购公司的继续存在，其组织形式仍保持不变，还具有法律上独立法人的资格。被收购公司拥有的商品条码仍由该公司持有，不因公司股东或股东持股数量等情况的变化而发生什么改变。商品条码的持有者没有发生变化，相应的使用权也就没有发生任何转移。

当然，股权收购可以使用企业资金或是借钱进行，但在许多情况下，股权收购是以自身股份或下属公司的股份作为对价进行的。这时就不需要使用资金或可以少用资金。举例来说，A 企业以自己 20% 的股权作为对价，收购 B 公司所持 G 公司的 60% 的股权。如 A 企业股份总额的 20% 与 G 公司股权 60% 价值相等，即二者的公允价值相等，就无须支付补价，否则，就需支付补价（非股权支付额）。收购完成后，B 公司拥有 A 企业 20% 的股权，A 企业持有 G 公司 60% 的股权。由于 A 企业持有 G 公司大部分的股份，也就是从 B

公司手中收购了 G 公司。站在 B 公司的立场，这次收购可理解为 B 公司用下属 G 公司 60% 的股权，对 A 企业增资扩股（投资）。当 B 公司还向 A 公司支付了一些现金时，这一支付额应计入 B 公司的投资成本中。股权收购还可以是某公司以其控股公司的股份作为对价，收购另一公司的股权。还是接续上述例子。三年之后，A 企业又以其所持 G 公司 55% 的股权作为对价，收购 B 公司控股的 D 企业 60% 的股权。这一收购方式也就是股权置换，A 企业借此收购了 D 企业。而从 B 公司的角度来看，等于又收回了对 G 公司的控股权，但也失去了属下的 D 企业。

就股权收购的本意而言，股权收购必须是对被收购公司实现控制，将其纳入到合并会计报表之中。当然，也实现了对被收购公司的控股。如不能对被收购公司实行控制，就不能看作为股权收购，只能算是一般的股份购买。

在现今的新经济时代，股权收购已成为一种常见的企业所有权转换方式，应该受到相关法律的规范。而从法律的意义而言，股权收购又可分为下述形式：

1. 善意的收购。对于上市公司，购买人持有其普通股达 30% 时，就应向这家上市公司所有股票持有人发出收购要约，即愿意按要约条件购买其所持该公司的股份。善意收购时，收购者在发出收购要约前，就应与目标公司彼此沟通，使之有足够的心理准备，然后再以收购要约的方式进行收购。

2. 故意的收购。指收购方在收购开始之前不通知被收购企业，而使这一企业在拿到收购要约后陷入被动的境地。这就给目标公司的股东造成相当大的心理压力，因此，又被称为恶意收购或野蛮人收购。当然，这种收购方式虽被称为恶意收购，但并没有违反法律。

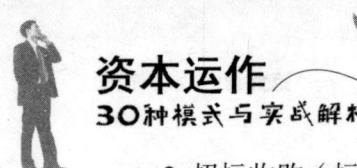

3. 招标收购（标购）。这是指收购方不直接向被收购公司的董事会发出收购要约，而直接用高过市场价的股票报价，向目标企业的股东进行招标收购。

标购又分两种形式。一是部分标构。收购者依据所要持有的股份，直接向被收购公司股东进行标购。如投标的股权多过招标数目，收购者就应按股东平等原则，依比例向投标者进行收购。这一标购方式多用现金进行。二是兼并标购。当收购者拥有股份达一定比例后，如果被收购公司少数股东拒绝其持有股份，进行标购者仍可进行兼并，还可对少数剩余股份依法实行强制收购。兼并收购大多用现金收购控股部分，又以有价证券收购剩余的股权。

4. 强制性收购。收购者在拥有目标公司股份并达一定比例之后，因法律所规定的强制性义务，而不得不向目标公司发出收购要约的行动。

第十章 资本投资

模式 23：IFC 国际投资

案例分析：牧原借 IFC 资金奋飞

牧原食品股份有限公司是一个集养猪生产、屠宰加工、饲料加工为一体的现代化大型农牧公司。牧原创办于1992年，经过27年的成长，目前已有1家参股企业及84家全资子公司。每年出栏的生猪达到320万头。通过合资的一家高端肉制品加工企业，每年可屠宰、加工100万头生猪，并供应无应激、高健康纯种猪8万头，还提供二元母猪10万头。其经营和生产扩展到了山东、山西、河南、湖北、广东等地，汇集了三个产业，员工超过2万名，资产过200亿元。牧原的发展也与IFC（国际金融公司）的投资密不可分。

IFC对牧原公司的国际投资包括贷款业务和股权投资等方面。这样的合作开始于2012年，这一年12月10日，IFC向牧原（卧龙）提供了2000万美元的5年期项目贷款。由于这次合作使IFC深切感受到牧原的企业实力、盈利

前景和诚信文化,就在第二年又来牧原企业进行考察,拟推动多方式、更广泛的合作,并以此促进牧原的国际化进程。在2013年7月15—16日,IFC的业务经理雷伟、环保专家Jeremy P.Ansell,细致地查看了牧原(卧龙)对项目资金的使用情况,尤其关注环保建设工程、生猪一体化养殖模式,对于牧原(卧龙)给予了高度的评价。与此同时,IFC的专家还到牧原(钟祥)做了实地调查,重点是企业的发展前景、人才培养、配套环保工程建设规划、创新节能减排措施等方面。此后,IFC决定给牧原(钟祥)3000万美元的贷款,为期5年,以推进牧原(钟祥)的生猪一体化养殖产业项目的建设。IFC的这些投资举动推动了牧原专业化、国际化的发展。

2016年3月29日,IFC全球制造业—农业—服务业局局长、全球行业联席主管Sergio Pimenta和IFC驻华代表处的Simon Andrews首席代表等4人,再次到牧原集团进行深入考察交流和洽谈时,对于IFC与牧原的合作给予了相当好的评价。IFC的专家表示:"牧原是IFC在华投资合作最成功的企业,也是IFC在华投资最成功的案例之一。牧原正在向国际化迈进,面向全球运作发展,IFC有能力,更有动力支持牧原更好地发展。"

自从与世界银行携手合作以来,牧原集团一直就是IFC世界范围内的最佳合作伙伴。这样的国际合作,推动了牧原集团的快速发展,尤其表现在其旗下已上市的牧原股份身上。牧原股份是目前国内位居前列的工业化、规模化的养猪企业,堪称行业内的标杆。这家企业还建构起超越同行业水平的完备封闭式生猪产业链,处于行业的领先水平。这就使牧原受到海内外同行业的关注和尊敬,也吸引到全世界投资人注意的目光。

在 IFC 等国际资本的助推之下，牧原得到了高速的发展，业绩堪称辉煌。目前牧原集团仍然一如既往地提升企业实力，尤其是积极地维护自身优质的信用体系，在与国际投资人的合作发展中，实现携手共赢的局面。

案例分析：IFC 国内投资始于东方集团

IFC 在 1985 年就进入国内做业务，至今已有 30 多年的时间。当然，在一开始的时候，IFC 在中国的业务并不顺利。IFC 在国内成功地发展业务应该是从与东方集团合作开始的。这家民营企业成立于 1978 年，那时的名称是哈尔滨呼兰建筑工程维修队。现在东方集团的业务发展得相当快，已经成为国内民营企业的领军者和航母了，而且，还是民生银行位居第二的大股东。东方集团的董事长是张宏伟。

IFC 进入国内开展业务的早期，进展一直不大。后来，到了 20 世纪 90 年代中期，经中国驻美大使馆的介绍，当时的 IFC 亚洲局的默哈默德局长和东方集团董事长张宏伟见了一面，这实际上是一次相当偶然的会面。当张宏伟谈到东方集团需要资金的现状和企业的经营状况，默哈默德则介绍了 IFC 投资中国的方法、程序、理念等。双方谈得相当融洽，给张宏伟的感觉非常好，就像男女青年谈朋友那样很有缘，见面有特别的感觉。而对于投融资而言，这同样是很重要的，有那么多人想融资、想借钱、想天使投资、想风险投资，最后谈成了，背后的原因就是因为找到了这样一种感觉。默哈默德表示，这次谈话使人产生了沙漠里找到绿洲的感觉，也就是一种投缘的感觉。企业的经营和管

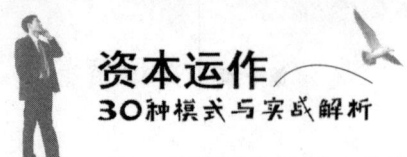

理,也很需要这样一种融洽的感觉。

此后,IFC向东方集团发放了3千万美元的贷款,这在当时不是一个小数目。IFC还给东方集团带来了先进的管理理念,又无偿赠予50万元培训费给东方集团,供其公司的高管分批到海外培训。实际上,IFC的贷款很重要,先进的管理理念更重要,使得东方集团发展出今天的规模。IFC也由此一步步在国内打开了投资参股和贷款业务的局面。

专家解读:IFC 和 IFC 国际投资

世界银行旗下有两大附属机构,国际金融公司是其中之一,IFC是国际金融公司的英文缩写。IFC成立于1956年7月24日,到1957年2月,又成为联合国下面的专门机构。这家机构以辅助世界银行为宗旨,要借助投资入股或贷款等方式,向其成员国尤其是发展中国家里的私人企业发放资金,用以推动成员国的经济增长。

国际金融公司的主要投资方向是各世行成员国中的私人企业。1956年7月25日,IFC的首任总裁罗伯特·加纳发表就职演说,在其开场白中提及:国际金融公司是第一个把推动私营企业的发展当作自己主要目标的一个政府间机构或组织。因此,国际金融公司的首要宗旨是与世界银行的各类业务活动相配合,向其成员国(尤其是其中的发展中国家)的重要私营企业提供投资或贷款,而不需要政府做出担保。也鼓励国际上的私人资金或资本投向那些发展中的国家和地区,以此促进这类国家中私人企业的增长,并推动该国的经济发展。国际金融公司既做股本投资，也从事贷款投资，还经常采用股本投资和贷款投资相配合的混合投资方式。目前，国际金融公司在中国投资贷款的重点是民营企业、基础设施、社会服务、环境保护企业及金融保险企业等，国内的内陆区域和西部地区成为其投资重点。

国际金融公司对于所有新的投资项目，首先要确定与可持续性发展相关的预估效果。而对于那些成熟的项目，国际金融公司则会对已经实现的发展质量和效益做出考察和评估。就如上述牧原集团的例子。为了发挥可持续性发展的最大限度影响力，国际金融公司尤其关注以下的五大战略重点：

1. 努力与发展中国家的新兴国际商业机构合作，建构起伙伴式的、长期的关系。

2. 通过创新金融产品的应用及制度建设，开发和拓展被投资国的国内金融市场。

3. 强调对边缘市场的投入，尤其要特别关注中小型企业的发展。

4. 缓解教育、基础设施、健康等领域中针对私营部门投资的各种限制。

5. 借着对可持续性发展的关注，把国际金融公司与竞争对手区分出来，以此定位IFC。

在管理方法和组织机构方面，国际金融公司和世界银行相同。理事会是国际金融公司的最高权力机构，理事会下面设立执行董事会，负责对日常事务的处理，IFC的正副理事、正副执行董事，就是世界银行的正副理事及正副执行董事。

这一机构的资金来源有下述几个部分：

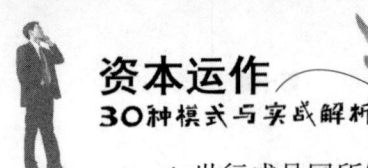

1. 世行成员国所缴纳的股金。开始时为1亿美元,分成10万股。后来经过了多次的增资,股金大为增加。

2. 公司的收入。包括出售IFC的投资所得、利润的积累、成员国偿还的各种款项。

3. 从世界银行及别的来源借入的款项。在必要的时候,国际金融公司还可向世界银行贷款。由此可借到低于本身公积金及认缴资本总和4倍的世行贷款。

目前,在全球范围内,中国为国际金融公司的投资数量和投资项目增长最快的国家之一。这一趋势在十多年前就开始了。以2006年为例,仅在2006年财政年度中,国际金融公司就总计承诺投资638亿美元,涉及24个项目。而从1985年国内批准第一个IFC投资项目开始,到2006年6月30日为止,国际金融公司仅在中国就提供28.6亿美元的项目资金,其中,自有资金共计22.4亿美元,其他银团资金6.25亿美元。这些资金在21年间涉及115个项目,平均每年只有5.75个项目。但从2006年以来,IFC在中国的投资激增,这一趋势现在也仍然持续着。

从这些年IFC在中国的投资来看,表现出如下需要注意的重点:

1. 民营经济已在中国的经济中成为举足轻重的部分,但还是很需要资金方面的支持。基于这一点,国际金融公司在其业务中,会积极地寻求时机,给那些现在只能得到投资机构有限资金的国内民营企业提供急需的融资。因此,IFC投资的特点是积极支持中国本土民营部门的发展,重点是中小型民营企业。

2. IFC 注重投资金融业，尤其是发展竞争力强的金融企业和机构，并使之具备世界通行的运营标准和公司治理机制。而中国对金融业的开放，必将促进国际金融公司对具有商业可行性的民营金融机构的进一步支持，这也会给国内保险业和银行业的发展带来新机遇。

3. 国际金融公司致力于推动环境产业、社会服务、基础设施领域的私营投资。

4. 实际上，国际金融公司对中小型企业的支持，能减轻国有企业改革过程中的压力，对于国有企业和整体经济的发展都是有利的。

5. 国际金融公司注重支持中国内陆和西部省份的增长和发展。

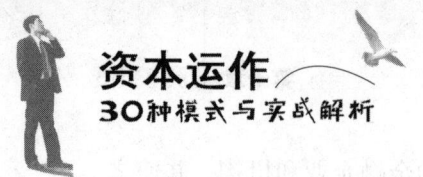

模式 24：跨国投资

案例分析：宝洁的跨国投资之路值得借鉴

宝洁公司（Procter & Gamble，P&G）成立于1837年，总部在美国俄亥俄州辛辛那堤市，分布全世界的员工近110000人。经过180多年的发展，宝洁的分公司已遍布全球80多个国家，其产品销售到160多个国家，产品包括化妆品、护发、洗发、护肤用品、妇女卫生用品、婴儿护理产品、医药、家居护理、个人清洁用品、织物等300余种。在2017年美国《财富》500强的排行中，宝洁位列第36名。在2018年《财富》全球500强中，宝洁排名第135名。在2018年12月18日，世界品牌实验室发布的《2018世界品牌500强》中，宝洁公司名列第18名。透过宝洁成功的光环，可以感觉到有一个企业经营战略在背后起着推动作用。

实际上，在宝洁创立22年之后的1859年，宝洁公司年销售额才刚刚超过100万美元，员工也只有80人。这时，宝洁的发展速度是不快的。而到1937年宝洁公司创立100周年时，年销售额已达到2.3亿美元。从1915年第一次在美国以外的加拿大设厂生产Crisco烘焙油和象牙香皂，至此宝洁已有3次重大的跨国投资。

第十章 资本投资

当然，宝洁在其发展过程中，实施了多种经营策略，只是其跨国投资战略处在了突出的位置上。在早期，宝洁的经营是以内部改革为主。在1885年，P&G实行员工周六下午不上班而仍然支取薪水的福利制度，这在全美属于首创。在1887年10月，宝洁建立了美国最早员工分红配息的利润分配制度，此后，宝洁在1892年正式实行员工认购企业股份的制度。

在一系列内部改革之后，宝洁开始了其猛烈的跨国投资和经营战略。1930年，宝洁购买了英国Thomas Hedley有限公司，建立了第一家国外的分支机构。Thomas Hedley的主要产品是Fairy香皂。到1980年150周年时，宝洁已进行了十数次的跨国投资，成为美国名列前茅的跨国公司。1982年收购Norwich Eaton制药公司、1985年收购Rechardson-Vicks公司，使宝洁成功地进入个人保健用品行业。80年代后期、90年代初期，宝洁收购蜜丝佛陀公司、Ellen Betrix公司、Noxell公司，成为香料和化妆品行业的巨头。这一系列的收购进一步推动了宝洁的全球化进程。

为充分发挥自身跨国公司的优势，宝洁公司打造了世界性的研发网络，其研究中心分布在欧美、拉美、日本等地。强大的跨国研发能力，使宝洁旗下的潘婷、佳洁士、帮宝适、护舒宝、汰渍、碧浪、玉兰油、Vicks等品牌扬名世界。到1998年，宝洁的Olean新厂开始投入生产；进入到2005年，宝洁的机构改革措施开始实行。此时的宝洁公司已经成为一个地道的跨国企业，在全球超过70个国家经营着自己的业务，产品也在140多个国家及地区畅销。

2008年是宝洁公司的170周年、宝洁中国公司的20周年。这时宝洁公司和吉列公司（Gillete）的业务整合基本完成，全球的销售额达到835亿美元，

资本运作
30种模式与实战解析

实现了净利润120亿美元。每股的收益增长3.64美元（20%），拥有10亿美元品牌24个。由宝洁公司的跨国投资可见，宝洁目前的显著成就，与其选择跨国投资和经营这条道路密不可分。宝洁是借跨国投资持续发展的典型例子。从宝洁的发展历程看，这家公司表现出了内部改革与外部扩张并重。早期偏重内部改革，这是企业发展的基础；其后的发展则偏重于外部扩张，这是宝洁发展的重要战略。

与实施跨国投资相联系，宝洁公司也大力推动着本地化的进程。这是以入乡随俗的方式适应变化的环境，反映了企业营销的现代观念。本地化意味着公司的一切经营活动都以消费者为中心，厂商的习惯和喜好不是不变的标准，而应随着不同地区顾客的变化而变化。宝洁在160多个国家和地区的销售，都采用有针对性的方式，改造现有的产品，生产出适合当地市场需要的品种，由此提高了企业的销售量。宝洁本地化的本质，体现出跨国公司将营销、生产、人事、管理等，全面地融入到当地经济的过程。

宝洁的跨国投资战略，也与多品牌经营相伴随，就是要在消费者心中建立企业具有雄厚实力的形象。宝洁不使自己与某种商标或产品合二为一，而是按护肤、口腔、洗发等市场的细分，围绕品牌进行运作。以中国市场为例，宝洁洗衣粉有欧喜朵、汰渍、波特、洗好等九大品牌，卫生巾的品牌是护舒宝，牙膏则是佳洁士，宝洁的洗发精则有潘婷、海飞丝、飘柔3种品牌，香皂品牌是舒肤佳。全球品牌最多的公司恐怕就是宝洁公司。

宝洁还用广告战略推动跨国投资和经营战略。有计划、有目标的广告策略，能让公司的信誉和形象在消费者心中留下持久而深刻的印象，对于产品的市场销售产生长久巨大的推力。宝洁公司愿意投入资源和时间来确定最有效果的广告战略,一旦确定以后,就不会更改成功的策略。宝洁公司在1882年就运用了这个策略,在全美促销象牙香皂(Ivory)。当时,宝洁一次就投入11000美元,通过《独立》周刊发行印刷广告,以表现象牙香皂的温和纯白、可漂浮在水面等特性。

专家解读:迈出跨国投资这一步

从概念上说,跨国投资是指投资人或企业将资金分别投入两个或两个以上的国家,进行间接或直接的经营。这就是政治经济学上通常说的资本主义垄断企业进行跨国投资,构建跨国公司,以此作为赚取高额垄断利润的一种手段。

实际上,跨国投资不仅仅在经济发达的国家间进行,还广泛地发生在发展中国家与经济发达国家之间。一般而言,那些经济发达国家的垄断性企业,常会使用跨国投资的方式,在发展中国家和地区建立子公司的分支机构,由此从事跨国性质的经营活动。这样,既可为自己的大量闲置资本找到出路,又可利用那些发展中国家的丰富自然资源和廉价劳动力来获取高额利润。有时还对当地的政治和经济进行某种控制。不过,发展中的国家,也可以在一定的条件下,有选择地引进国外先进技术和跨国投资,推动本国的经济更快地发展。目前,跨国投资已经成为国际间经济交往的重要方式。中国在实现对外开放政策的过程中,为加快自身经济发展,在独立自主、自力更生原则的基础上,本

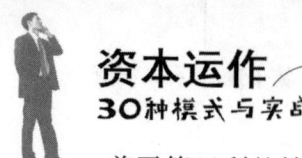

着平等互利的精神和原则,引进了一些跨国投资,又在税收上给予某种优惠政策。

现在的形势还有进一步的发展,一些中国企业开始走出国门,进行跨国投资。所投资的区域,既包括经济发达的国家,也包括发展中国家。

在现今经济全球化的趋势下,中国的公司如果要得到长远的发展,也必须在国内稳定发展的基础上,开展国际间的贸易,建立跨国投资和经营的战略。上述宝洁的例子,其实是一个相当好的借鉴。

当然,如果要让自己的品牌占领国际市场,就需有一个比较好的国内市场发展做基础。不然的话,没有稳固基础的大厦,是经不得大风大雨的。宝洁在早期,也是在美国国内谋发展。而宝洁的跨国投资和经营的经验,同样非常值得借鉴。在效益最大化和资金最小化的原则下,实现对国外市场的占领,在这一过程中,又充分实施多品牌、本地化、战略联盟等策略。尤其要重视产品本地化的策略,对于跨国企业而言,没有最好的产品,只有适宜的产品。多品牌战略也是必要的,能产生更大的产品销售市场,还降低了投资风险。就如常言所说,不要将所有的鸡蛋都放进一个篮子。当然,宝洁的国际广告战略也是值得学习的。宝洁的广告使消费者记住了各种宝洁的品牌,产生了强烈的品牌效应。这都值得准备进行国际投资的中国企业来学习。

中国的企业要进行跨国投资,成为跨国企业,就应该学习宝洁等跨国公司的经验,学习其成功之道,取其所长。这样能少走弯路,当然,也要注意取其精华、弃其糟粕。

模式 25：文化产业投资

案例分析：乌镇的文化品牌打造

以世界互联网大会为例，我们可以看到文化品牌的打造，对于文化产业投资的意义。这一世界性互联网年度盛会，由国家倡导，中国国家互联网信息办公室和浙江省人民政府联合主办，每年都在浙江省嘉兴市桐乡乌镇举行，旨在搭建中国与世界互联互通的国际平台，以及国际互联网共享共治的中国平台。让各国在争议中求共识，在共识中谋合作，在合作中创共赢。

实际上，世界互联网大会是大文化管理的杰作，而文化事件品牌的打造又在其中起着关键的作用。每年举办的世界互联网大会，都不断地向全世界展现浙江乌镇的风采，让世界从深度和广度两方面看到乌镇更多不为人知的精彩层面，由此不断地打造和锤炼乌镇这一知名文化品牌。最初选址的过程，就是一次品牌的锤炼和展现。当时专家组在面向全国选址时提出了几项要求：一是可以代表中国数千年传统文化，二是像达沃斯一样的小镇，三是互联网经济较为发达。经过比较和甄选，确定乌镇是举办世界互联网大会地点的最佳选择。乌镇以"小桥流水，白墙黛瓦，桨声舟影"的景致而闻名，直到1992年，这里才修造第一座大桥。但谁曾想到乌镇现在还有不为人知的另一面，使得这一

资本运作
30种模式与实战解析

个江南小镇在22年后成为世界互联网大会的举办地。这表明乌镇已在大文化管理思路之下实现了强劲的升级。

乌镇地处沪宁杭"金三角"区域,地理位置优越,距苏州、杭州均为80公里,距上海约有140公里。高铁、高速路四通八达,交通很是方便,引来全球各地的参观游览者,世界各国的参会单位都可乘飞机到上海,再转车去乌镇。古镇的保护和开发,水陆交通的顺畅和快速,都给乌镇带来了商机和财富。世界互联网大会要求举办地的相关硬件设施能够达标,具有足够的基础建设相配合,有足够的能力接纳世界各地的参会单位。而乌镇完全能够满足这些条件。乌镇在2017年接纳500多万名游客,举行各类会议700多个,包括中法年会、微软大中华区年会、乌镇戏剧节等。这都得益于乌镇多年来不懈的努力,与乌镇的品牌基础过硬有关。

当然,就世界互联网大会而言,让古镇从众多地点之中脱颖而出的,还在于乌镇的互联网基础。这也说明乌镇长远的企业大文化管理视野,一直都在为文化产业打品牌基础。许多年以来,乌镇就在积极推广"智能旅游",与互联网结下了不解之缘。乌镇构建的"智能旅游"体系,包括旅游微博及旅游论坛两大平台,乌镇景区也注重对官网的优化。在2012年,这里就已实现Wi-Fi信号全覆盖。现在从会场一直到场外,千年水乡随处可见互联网因素。随时随处可进行手机支付,推行智能医疗,无人驾驶试点,都使乌镇表现出一副智能小镇的气派。

从文化事件品牌的打造角度,每年举办的世界互联网大会更使乌镇这一千年古镇,在互联网经济的发展方面具有前沿地位,成为一个面向世界的江南达沃斯小镇。文化事件品牌的打造也扩展了乌镇的品牌内涵，成功地进行了乌镇文化品牌的打造和升级。而这一过程还将继续下去，继而表现出文化产品不断的增值过程。

专家解读：品牌打造是文化产业投资的关键

文化产业投资运作的辉煌，集中体现在城市文旅综合体上，这样的大手笔投资还将带动许多地方产业的发展。这就是文化资本运作的整体效应。城市文旅综合体是资本有效运作的集中体现，具有文化综合体、旅游综合体双重特征。

文旅综合体有一个发展过程。最初只是一般的城市综合体（city complex），即以建筑群为基础，融商务办公、商业零售、酒店餐饮、公寓住宅、综合娱乐五大核心功能于一体的城中之城，还可称之为土地集约、功能聚合的城市经济聚合体。后来在城市综合体的基础上发展出旅游综合体（tourism complex）和文化综合体（cultural complex），这两种综合体各自突出了自身文化或旅游特色，但都是城市综合体的一种。后来，在大文化资本运作的宏阔思路指导下，旅游综合体和文化综合体呈现出融合发展的趋势。

对于文化产业的投资运作而言，品牌的打造极具关键性和重要性，而纵观文化品牌的打造过程，事件是一个中心环节，文化事件将不断地推动文化品牌的知名度和内在价值，使文化产品具有无止境的增值潜力。而在文化产业的管理中，品牌与事件密切相连，文化事件的打造，其实就是文化事件品牌的

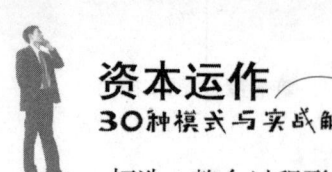

打造。整个过程形成一种金字塔结构,有三个主要层次:底层为文旅综合体等文化品牌,如乌镇;中层为文化事件品牌,如世界互联网大会(World Internet Conference, WIC);其顶层则由各种文化IP所组成,包括作品、个人等,讲述着情景故事,表达各种观念。

由于文化产业的独特性,在文化资本的运作中,必须遵循文化产业的经济规律,处理好文化碎片问题,从而发挥文化的催化剂作用。由此而引发文化产业的快速发展和增值。因为从文化产业的角度看,那些孤立的文化现象都是文化碎片,需要变成文化品牌。

虽然这样的文化现象本身可能是完整的,但如果游离在文化资本和文化产业链之外,就只能在传统的方式下保持低水平的价值生产潜力。到了一定时候,还有可能会丧失增值能力。通过仔细观察就可以发现,每一个地方都会有不少文化碎片。例如:地方戏剧、特色风俗、艺术家创作、民间故事、特产小吃、特色农产品、古物存留、大族家训、英雄故里、名人的旧居,等等。这样的文化现象就如同碎片一样,需要进行整合,以聚合文化资源,形成文化品牌。目前,已有不少成功的文化品牌,如浙江乌镇。都是在大文化管理的思路下,整合碎片的结果。越是成功的文化品牌,越能吸引资本的进入,这将导致更大幅度的成长和增值。由此可见,当文化碎片进行整合之后,就不再是碎片,而是文化综合体,汇集成完整的大文化产业链条。由此而具备了文化资产的内生性质,即由内在固有的需求驱动文化资产增长,形成自发增长的内生资产或资本。这一内在机制,大幅度地提高了文化IP和文化资产的增值潜力。这样的增值,将以乘法进行计算,有时候,还会实现呈指数增长。

每一个地方都有自己的特色文化，都可以提供小城镇或地方差异化的发展元素。不过，许多地方的特色文化都只是以碎片的形式存在。而通过文化资本的有效运作，对碎片进行整合，就能打造出完善的产业链和地方文化品牌，形成自己独特的文化系统。

中国的文化产业不能再走过去大基建的路子了，因为这不是文化资本的运作思路，而应该在符合文化产业当代发展的文化产业投资之下，构建起面向未来的模式。

与品牌打造相关联的，就是城市文旅综合体项目在设计上要突出创新和创意，这也是文化资本运作成功的关键。成功的城市文旅综合体项目将成为文化品牌的平台和支撑。乌镇仍然是一个明显的例子。从产品策划和设计，到具体的景观布局、建筑与游憩设计，都要体现出创新思维，形成独一无二的创意效果。尤其需要强调产品的主题化、品质化、精致化。其中，主题意境的塑造是统领全局的关键要素，能抽象地表达综合体的商业模式，这也是引导市场的关键。通过主题文化意境的构建，将能构筑出以特色文化氛围为基础的度假生活方式。

政府则通过打造文化产业孵化器的方式，推动文化产业的建设。这就是说，文化产业过去是以政府为主兴办，政府想办法筹钱，现在要转由民间办，并形成一个持续的模式。政府的作用就是支持关键文化资产的运作。这样的模式才符合大文化产业的规律，以不大的投入就能将地方文化的精华提炼和总结出来。当新的文化地标建造起来后，架设在其上的文化经济就得到迅速的发展，连带着相关的支持产业都一起发展起来，形成一种新型的文化综合体。这

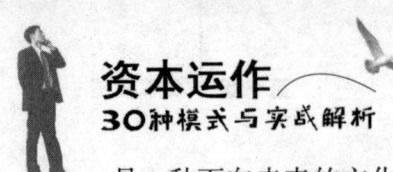

是一种面向未来的文化经济运行模式。当然，文化产业的发展离不开政府支持。但政府的支持一定要切中要害，这样，即使是小的资助，也能在全社会产生大收益，使地方经济在整体上高速发展。如苏州虎丘，一个镇的年纯收入就达到25亿元，整个地方都因此富了起来。

当地方的文化资源变成文化地标时，全社会都会得到收益。西安的秦始皇兵马俑也是一样，带动周边产业的发展，使周围的人全都富裕了。

第十一章 兼并和产权运作

模式 26：杠杆收购

案例分析：吉利收购沃尔沃

从 2006 年底开始，吉利汽车老总李书福就想收购福特集团旗下的捷豹、路虎。第二年因美国次贷危机加重，福特也考虑卖出部分品牌，这使吉利开始与福特接触。当时，吉利面对的竞争者是塔塔，这家印度公司也想购买捷豹、路虎。但塔塔捷足先登，与福特的谈判已进入到实质性阶段。这使吉利的购买方向转向沃尔沃。

沃尔沃拥有强大的技术实力，吉利汽车如果能收购沃尔沃，必将实现自身的重大转折。但收购的难度也是显而易见的。李书福在 2008 年组建了收购团队，并聘请世界著名的富尔德律师事务所作为法律顾问，共涉及商业合同、特许经营、不动产、经销商、雇佣、知识产权等收购法律事项。德勤会计事务所则负责收购事项的财务咨询，对沃尔沃的财务状况进行全面的分析和调查。

资本运作
30种模式与实战解析

吉利又请洛希尔投行做收购项目的顾问，担负对卖方的协调。博然思维作为公关顾问，负责项目的公关事务。谈判在开始时进行得相当艰难，而在2009年初，吉利、福特、沃尔沃三方都否认收购沃尔沃一事。福特在10年前以64.5亿美元收购沃尔沃，这时出价60亿美元，后来又降到34亿美元。谈判在持续进行中。

不过，从2005年以来，沃尔沃一直处在亏损状态。金融危机更使其销量大幅下降。沃尔沃2008年全年销量为374297辆，较前一年下滑18.3%；到2009年沃尔沃销量又下降到334808辆，较此前一年跌落10.6%。显然福特已难以承受沃尔沃的表现，必须尽快抛出。因此，到2009年8月，福特公司宣布吉利将是沃尔沃的唯一买家，标底价格为18亿美元。

那么，吉利是怎样筹集到这巨额资金的呢？资料表明，购买沃尔沃的中标价为18亿美元，其中，品牌支付为15.5亿美元。实际上，加上后续支撑费用，总投入必然在27亿美元以上。从吉利汽车2010年的财务报表来看，当年吉利售车41.58万辆，较上年增加了27%。实现营收201亿元左右，净利约13.68亿元。从净流动资产来看，吉利可支配金额仅为38.71045亿元，无法凭自身实力收购沃尔沃。

实际上，吉利在这次收购中，自己出资仅41亿元，而与金融机构和地方政府谈好条件，筹融资在77%以上。其中，吉利汽车用股权置换的方式，向大庆国有资产经营有限公司借款30亿元，建立吉利万源国际投资有限公司这一融资平台。又通过上海嘉尔沃的成立，经上海市政府批准，嘉定区国资经营有限公司、嘉定工业开发区有限公司各出5亿元并购资金，设立融资平台吉利兆圆国际投资有限责任公司。成都等地的地方政府也都投入了一些资金。还有来自欧美、中国香港的另一半资金，例如，2009年9月22日吉利向高盛定向发行25.86亿港元的认股权证及可换股债券，在转股后高盛将持有吉利约15%的股权，成为吉利第二大股东，仅次于李书福。而中国银行浙江及伦敦分行也联系了一些财团为吉利提供5年期贷款，金额约为10亿美元。与此同时，吉利汽车还与中国进出口银行签订了贷款协议。

按中国法律，民企对外投资需经国家发改委、商务部、外汇管理局三个部门审批。发改委、商务部的批文均在2010年7月完成落实。到这年的8月2日，吉利公司正式宣布：完成对福特旗下沃尔沃轿车公司的全部收购。

在新所有权的架构下，沃尔沃将保留瑞典总部和瑞典、比利时的生产厂。经董事会授权之下，沃尔沃管理层还将拥有执行商业计划的自主权。作为交易的组成部分，沃尔沃还会与福特保持密切的零部件供应关系。

按收购条款规定：沃尔沃公司将继续拥有自身知识产权及关键技术所有权，包括为实施既定商业计划所需的所有福特公司知识产权的使用权。吉利汽车将通过对沃尔沃的收购，实现对其知识产权和关键技术所有权的拥有，也有权使用沃尔沃的大量知识产权，包括其环保与安全方面的知识产权。实际上，吉利汽车在消化、吸收沃尔沃的技术以后，产品的层次持续地提高，逐渐获得消费者的赞许。而吉利产品的品牌溢价力、竞争力、营业收入和盈利率都取得了全面的上升。而沃尔沃在国产化之后，这些年来销量也在不断上升。

可见，实现收购之后，在处理好沃尔沃国产化和技术融合问题的基础上，沃尔沃帮助吉利汽车实现了飞跃。而吉利对于沃尔沃开放自主经营权及持续资

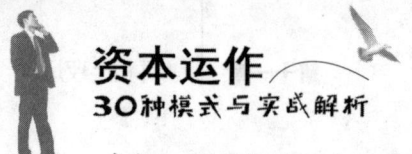

金投入，也促使沃尔沃走向进一步的复兴。

案例分析：新浪的管理层收购

作为一家服务于全国及全球华人社群的增值咨询服务供应商及在线媒体，新浪通过其门户网站、新浪移动、微博等社交媒体，帮助用户通过移动设备和电脑取得用户自生成和专业媒体的多媒体内容（UGC），并与其他人进行趣味分享。目前新浪在全球范围内注册用户超过6亿户，日浏览量则超过12亿次，成为极受欢迎的华人互联网品牌之一。

由于当初新浪的股权结构比较分散，经营效益表现得不尽如人意。新浪的经营管理层或决策层也受到了指责，被认为是只顾自身任期内的那些短期利益，不考虑公司的长远发展。到了2009年9月，新浪董事会做出决议，实行管理层收购。具体的实施过程是新浪公司向新浪投资控股增发560万股的普通股，总的收购价为1.8亿余美元。这时曹国伟抛售个人持有的50万股新浪股票，由此套现2251万美元。此后，曹国伟等6人新浪管理团队出资5000万美元，中信资本、方源资本、红杉资本三家私募基金出资7500万美元，美林证券则提供5800万美元的贷款。新浪通过成功的融资，为实现管理层收购提供了有效的支持。

新浪的这次管理层收购，关键在于以加长杠杆来实现管理层对新浪的控制。实现收购之后，新浪投资控股持股9.41%，成为新浪的第一股东，而曹国伟个人通过对新浪投资控股的绝对控股，就能以第一股东间接地持股新浪。

这次收购将加强新浪公司的经营和管理，曹国伟表示："未来新浪一方面会继续围绕我们的核心竞争力在网络媒体以及网络广告方面扩大我们的领先优势，同时我们也会在垂直领域进行深入拓展，在手机互联网、游戏及电子商业等各方面，开拓新的业务、新的收入来源。从目前的情况来看，随着经济的复苏，网络广告市场正在不断回升。"

新浪管理层收购之后，财务数据表明其业绩在短期内有了长足的进步。新浪在2011年度净营业收入达到4.828亿美元，比上一年度增长20%。其中，广告营业收入达到3.688亿美元，较前一年度增加了27%。非广告营业收入为1.14亿美元，较前一年度增长2%。如果按非美国通用会计准则计算，净营业收入为4.641亿美元，比上年度提高21%。新浪的这个例子表明，虽然管理层收购的交易成本较低，却被认为能使取得风险资产和股权的管理层更好地管理企业。这也是管理层收购受到欢迎和赞许的原因。

专家解读：杠杆收购和管理层收购

杠杆收购（LBO）又名融资并购，在美国被称为举债经营收购。这是指个人或某公司用收购目标公司的资产和未来收益做债务抵押来收购这家公司的策略。在杠杆收购中，收购方会大规模融资借贷去支付大部分交易费用，一般占到总购价的70%甚至全部。这样就会使收购方的现金开支降低到最小限度，而借贷利息将用被收购公司未来的现金流进行支付。

吉利收购沃尔沃就是一次典型的杠杆收购，通过收购获取或控制了沃尔

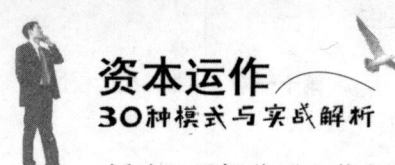

沃这一目标公司和著名国际轿车品牌。从收购的操作来看，通常可以分为下述几个步骤：

1. 设计准备。主要是由发起方制订出收购方案，与目标企业（被收购方）进行谈判。同时为此次收购进行融资，必要时也可用自有资金入股被收购企业。收购的发起方一般就是目标公司的收购者。

2. 集资和融资。一般来说，收购方通过本公司管理层筹集收购价10%~20%的资金，用于杠杆收购。再向投资者销售相当于收购价20%~40%的债券。此外，以被收购公司的资产做抵押，向银行或金融机构借入过渡性贷款，大体上相当于整个收购价的50%~70%。杠杆收购的特点是，通过合适的渠道进行融资，这在整个收购过程中都起着举足轻重的作用。

3. 完成并购。购买方以筹集的资金购进目标公司的股份，达到完全控股的目的。

4. 对目标企业进行整改。这样就能恢复和提高被收购企业的盈利能力，形成减低负债的现金流，由此来降低并购所形成的债务风险。整改需要付出相当大的一笔费用，虽然这笔费用没有算进收购价格中，但购买方一定要做好准备，筹集和支付这笔费用。

管理层收购（MBO）也是杠杆收购的一种方式。在 MBO 中，公司的管理层或经理层用融资或股权交易对本公司进行收购，使公司的资产、控制权、所有权、剩余索取权等都发生了变化，改变了公司的所有制结构，经营者变成企业所有者。这一收购方式在改善企业经营状况、降低人员成本、激励经营者积极性等方面起到了非常积极的作用。

新浪的实例也说明，管理层收购只是杠杆收购的一种方式，而并非最终目的，收购的目的是要促进公司的后续发展。因此，对于实施管理层收购的公司而言，尤其应该对公司在管理层收购之后的发展给予高度关注。

包括管理层收购在内的杠杆收购具有杠杆作用，这使收购方的债务比率升高，但用于融资收购的股权转移比例却有显著的降低。这使用于并购项目的现金或资产要求很低，购买者只需付出整个交易 10%~40% 的价格，就能顺利地买到目标企业。

通过杠杆收购，还能去除过度多元化所引起的价值破坏作用。而通过协同效应或横向整合，可使运营效益得以提高，并将生产经营延伸到本企业之外。这就像吉利收购沃尔沃所达到的效果一样。杠杆收购也能改善企业的管理和领导能力。传统上利用回报和控制来加强个人权威，虽在短期取得一些效果，但从长远来看，却常常是以牺牲公司的利益和股东权益作为代价的。并购之后高额利息的偿付压力，可让管理者出局，或遵循经营管理的规律，千方百计提高企业的生产效率和经营绩效。债务压力在心里，管理者就不得不时时想到如何采取提高业绩，包括降低成本、扩大市场占有率、进行技术改造、减小规模、完善制度、剥离非核心业务等。这样来看，杠杆收购所需要的融资借贷，还是一个推动管理变革的有效手段。

在美国，对于杠杆收购的批评，主要集中在购买方可能通过盗用联邦政府等第三方资金来榨取被收购企业的额外现金流。目标公司由于支付利息可以享受减免税政策，但股东分配股息时却享受不到这种优惠。实际上，杠杆收购的最大风险在于经济衰退、金融危机、政策改变等一系列不可预见的事件。这

很可能造成技术性违约、定期利息支付困难等，甚至还可能导致全面清盘等问题。而被收购企业的管理层和股东们的动机不一，经营、管理得不到改善，也都会削弱杠杆收购的效果，有时还会产生相反的作用。

模式 27：公司并购扩张

案例分析：以弱并强，宁波均胜购买德国普瑞

在 2011 年 6 月中德技术与经济论坛上，两国贵宾云集，在当时的中国总理温家宝与德国总理默克尔的共同见证之下，宁波均胜（宁波均胜投资集团）以 10 多亿元收购了德国普瑞（德国著名的汽车电子公司普瑞集团公司），签署了并购合同。这是当时中国企业在德国的最大并购案例。

德国普瑞公司创立于 1919 年，目前在全世界拥有 6 个销售和生产的分支基地，员工总数超过 2500 人，其中技术和研发人员占到了 25%。普瑞作为一个老牌汽车零部件的供应商，用户包括全世界所有生产高端车型的厂家。近些年来，普瑞的业务增长相当迅速，即使经历过 2008—2009 年的金融危机，公司的平均年综合增长率还能超过 10%，年度销售额则达 3.51 亿欧元。公司 2011 年第一季度的销售额增长近 1/3。普瑞在 2010 年汽车电子行业专利发明排行榜上，还以 98 项专利发明排名行业第 7 名，名次在大陆汽车系统、德尔福技术等汽车零部件领军企业的前面。奥迪 MMI、宝马 iDrive 等系统的多项重要技术专利都由普瑞拥有。早在 1988 年，宝马与普瑞联手开发了全球最早的智能驾驶 iDrive 控制系统，此举引来用户和媒体的高度关注，由此，普瑞帮

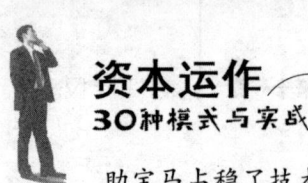

助宝马占稳了技术领先的地位。

这次并购,均胜收购了普瑞75%的股权,其中包括这家具有国际水平高端汽配公司的多项核心技术。将有助于提高中国汽车零部件业的全球地位。

宁波均胜看到,当年的金融危机已使全球汽车产业的格局出现了深刻变化。随着福特、克莱斯勒、通用等美国汽车业三大巨头的重组和破产,全球汽车业的中心已向中国转移。在2009年和2010年,中国汽车产销量接连两年居全球第一,这使中国汽车市场在全球最具吸引力。从普瑞的角度看,因原有的用户和合作方大多为海外高级汽车品牌,造成自身在中国市场的占有率和知名度均较低。而中国汽车市场的巨大需求和增长速度,又迫使普瑞公司做出战略方向转移的决定。

从均胜的观点来看,这次收购普瑞,可使其高端产品经原欧美用户订单的国产化,来提高在一汽奥迪等国内企业在原客户中的配套比率。并购还可使宁波均胜在营运水平、产品技术研发上得到迅速提高,还使均胜在欧美等全球销售渠道方面获得高速升级。又可将德国汽车电子先进技术运用到国内市场之中,由此可快速进入国内的汽车电子前装市场。经过这次并购,必将改变国内汽车电子市场国外的零部件公司占绝对优势的局面,提高国内汽车零部件厂家在全球主流市场上的影响力。

宁波均胜的这次跨国收购,也得到政府的大力支持,因为均胜作为一家民营企业,可以有效地避开国外对国内国有企业收购的障碍和抵制。因此,均胜集团收购德国普瑞公司股权的项目,很快就得到了国家发改委的核准。在吉利并购变速箱企业DSI(澳大利亚)、万向集团收购美国DS汽车转向轴业务、京西重工并购美国德尔福之后，宁波均胜作为民营汽车零部件企业，又一次成功地实施了海外跨国并购。

案例分析：均胜旗下普瑞并购北欧新能源企业

这一案例实际上是上一案例的续篇。上一例并购发生在2011年，由宁波均胜并购德国普瑞。这一次并购事情发生在2017年底，是由宁波均胜旗下的德国普瑞收购挪威康斯博格集团旗下的电力电子系统公司ePower。ePower公司于2011年成立，从事电力电子系统的生产和研发，其中包括逆变器、整流器、转化器、混合动力汽车的动力装置总成、车载充电器、纯电动车等。ePower是电动车高端技术领域的专家，团队中有50位工程顾问。并购之后，ePower就成为普瑞新能源汽车业务的一个部分。

ePower在印度与瑞典两处均有办公地点，部分重要职员将继续留任。比如ePower公司业务总监Lennart Garpenstedt将担任普瑞瑞典的总经理职务。ePower公司位于穆尔西奥和哥德堡的两个研发中心将会继续存在。普瑞公司这一次收购ePower，目的是要加强自己在移动性电子领域的力量。收购双方均没有透露这次收购的价格。

专家解读：走好公司并购扩张之路

公司并购（Company merger and acquisition）是一种兼并活动，指两家或更多独立公司、企业合并成一家企业，一般是由占优势的企业吸收其他公司或企

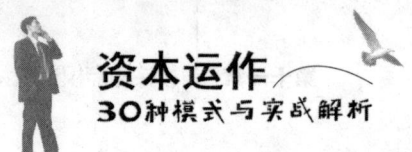

业。当然，实际情况有时相反，如上述均胜并购普瑞的例子。

公司并购有广义和狭义的区分。狭义并购是企业经产权交易获得其他公司的产权，使这些公司丧失法人资格，而并购方则获得被并购公司经营管理的控制权。狭义并购近似于兼并吸收，与《大不列颠百科全书》对兼并的定义相符。广义并购是指某企业通过产权交易获取其他公司的产权，有时获得控制权，但被并购公司的法人资格不一定会丧失。广义并购包含上述狭义兼并。《关于企业兼并的暂行办法》《国有资产评估管理办法施行细则》《企业兼并有关财务问题的暂行规定》等法规都使用广义兼并的概念。并购在大体上可以分为横向、纵向、混合3种主要类型。一是横向并购。这种并购发生在同行业或产品在相同市场的企业之间。横向并购可降低同类产品的生产成本，扩大其生产规模，通过消除竞争而提高市场占有率。二是纵向并购。这是指虽然处在生产过程或经营环节的不同位置，但又密切相关的企业之间的并购。纵向并购可节约仓储运输费用、加速生产流程等。三是混合并购，这是生产和经营彼此无关产品或服务的企业之间的并购。

企业在并购之前，应根据成本效益分析做决策。基本原则是净并购收益要大于零，以使并购有利可图，可用下述公式计算：并购收益 = 并购后新公司价值 − (并购前并购方价值 + 并购前被并购方价值)。举例来说，甲公司并购乙公司，并购前甲公司价值为2亿元，乙公司价值为1.2亿元。甲公司并购乙公司后组成丙公司，丙公司价值为5.1亿元。那么，并购后收益为1.9亿元。既要算出净并购收益，还须以并购收益减去并购溢价和并购费用（顾问、谈判、律师等费用）。即净并购收益 = 并购收益 − 并购溢价 − 并购费用。

从上述的计算公式可见，一项并购活动的动机首先是追求净并购收益。但在具体的理论层面上，一家企业进行并购还会有一些实际的动因，大多与企业的发展战略相联系。从企业管理的理论层面出发，并购活动会产生一些效应，而并购动机与这些效应有关：

1. 获取市场份额效应。通过并购可提高公司对市场的控制力。由横向并购能达到行业最低限度的规模，提高了行业的集中度，又改善了行业结构，这就使行业内的企业获取较高利润率水平。纵向并购可通过对销售渠道或原料的控制，实现对竞争对手活动的控制。混合并购是以间接方式产生市场效应。企业在并购后财力更充足，规模更大，就会对相应领域中的竞争对手形成较大的市场威胁。

2. 产生财务协同效应。并购一般会给公司财务方面带来益处，即由会计处理惯例、证券交易内在规定、税法等作用而产生货币效益。其中，主要有税收效应，由并购实现合理的避税。还有股价预期效应，这是因并购使市场对企业的股票评价发生改变，从而抬高了股票价格。企业在并购时可选市盈率和股价收益较低但有较大每股升值空间的企业作为并购标的。

3. 取得经验成本曲线效应。经验指企业在市场、技术、产品、专利、企业文化、管理等方面的优势。因经验无法仿造，经并购分享目标公司的经验，将减少累积经验所需支付的学习成本，节省发展费用。在那些对劳动者素质要求较高的公司里，经验常是一个有效的壁垒，能阻止竞争者进入。

4. 得到韦斯顿协同效应。这一理论认为，并购将会引起企业生产和经营效率的提高。最明显的并购效应就是获取了规模经济效益，这就是 1+1>2 的

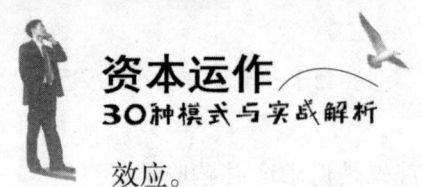

效应。

当然,公司并购包括善意并购和恶意并购。善意的并购一般是各方彼此配合、友好地协商,由此拟定并购协议。恶意的并购常是指并购方秘密购买目标公司的股票,使之最终不得不接受并购条件,被迫实现企业控制权的转移。虽然公司并购可分为善意和恶意两种类型,但获利及获取上述并购效应的动机却是相同的。

在本质上,公司并购是企业控制权变动过程中,各权利主体依企业产权做出的一种制度性安排,由此进行权利的让渡。而在当前的企业制度和财产权利制度下,并购的过程必然涉及某些权利主体由出让手里的企业控制权而获取相应收益,另一些权利主体则将付出相应代价而取得控制权。公司并购实际上就是这样一种企业控制权发生变化的过程。

上述的变化往往会表现在公司并购的付款方式上,可有下述形态:

1. 无偿划拨。这是主管部门或地方政府作为国有股份的持股人,在国有投资主体之间直接进行国有股划拨的行为。通过无偿划拨,将减少国企之间的竞争,形成具全球竞争力的大集团、大公司。如一汽对金杯的并购。

2. 现金购买目标资产或股票。并购公司用现款购买目标公司全部或绝大部分资产,从而达到对目标公司的控制。用现金购买目标公司的全部或大部分股票,也能控制目标公司及其资产,达到相同的目的。比如,恒通公司为了在上海占据市场、开拓业务,用协议的方式以较低的价格购进上海棱光实业的国有股份,实现对其控股,使自身业务在上海成功展开。

3. 承债式的并购。指某公司以承担目标企业的全部债权、债务方式,获得其控制权。由于目标企业资不抵债，经并购之后，投入了优质资产或流动资金，可使之扭亏为盈。

4. 债权转股权。这是指最大的债权人在目标企业无力偿债时，将所持债权转为投资，从而得到对目标企业的控制权。债权人有时是阶段性持股，最终会将所持股权转出套现。

5. 用股票购买资产或交换股票。并购者向目标企业发行自己的股票以换取目标企业的全部或大部分资产。用股票换股票也能达到同样的目的，这一并购方式又被称为换股。并购人通过直接向目标企业股东发行股票，交换其大部分或全部股票，达到控股水平。经过这样的并购之后，目标企业常会成为并购企业的子公司。

6. 间接控股。这是指战略投资者通过并购某上市公司的第一大股东，由此间接地获得对该公司的控制权。如北京万辉药业集团先以承债的方式，并购了双鹤药业第一大股东（北京制药厂），由此拥有了双鹤药业17524万股，占到双鹤药业总股本的57.33%，从而变成双鹤药业的第一大股东，实现对双鹤药业的控制。

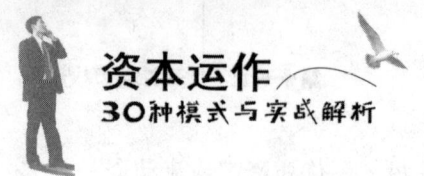

模式 28：产权交易

案例分析：绿地集团以强求强引进民资过百亿

绿地控股集团有限公司简称为绿地集团，创立于 1992 年 7 月 18 日，注册资本为 82.72 亿元。这是一家以房地产业为主，汇集金融、能源等多个产业的国有控股特大型企业集团。公司以多元化作为发展方向，在 2019《财富》中国企业 500 强中位列第 23 位，在 2019《财富》中国房地产行业 500 强中位列第 3 位，而在 2019《财富》世界企业 500 强中位列第 25 位。

此次绿地集团拟通过产权交易融资，将公司的注册资本由原来的 82.72 亿元扩增到 103.72 亿元，对应出售股权为 20.2468%。由此以市场化方式引进民间资本，通过产权交易寻找战略投资人，募集的资金规模约在 118 亿元。这样就能在政策层面上发展国有、集体、非公有等资本相互融合的混合所有制经济，完善集团混合所有制形式和公司法人治理结构，做大并做强主业，提高企业竞争力和活力，扩大企业的经营规模。

经过绿地集团的股东会研究讨论，决定委托上海联合产权交易所（上海联交所），凭借产权市场平台的公开挂牌方式，实现企业的增资扩股。

这次产权交易过程中，从前期策划开始，先制订出有效的增资方案。在

2013年11月18日,绿地集团与上海联交所就本次增资扩股的事宜,签订了增资服务委托合同。针对绿地集团的产权融资要求,上海联交所在项目的这一阶段,多次与绿地集团进行沟通协调,而所依据的法规为《国务院办公厅转发国资委关于进一步规范国有企业改制工作实施意见的通知》《关于印发〈关于国有企业改制重组中积极引入民间投资的指导意见〉的通知》《上海联合产权交易所增资业务规则》等文件。上海联交所也结合这一项目的特殊性,设计出了配套的业务流程,确定了一整套方案,包括推介方案、增资方案、项目操作时间表等,这为此后项目正式实施提供了行动指南,可保证项目顺利完成。

2013年11月25日,绿地增资扩股项目正式在上海联交所网站上公告发布。按新一轮的国资改革精神,绿地集团为进一步引入社会资本,完善集团的混合所有制形式,在这个项目公告中,要求实际控制人或意向投资人为非房地产行业,对意向投资人的管理规模、经营情况、资金规模等也都做出了相应的要求。意向投资人或实际控制人还必须是非国有绝对控股企业或民间资本(自然人)。为配合项目公告的发布,上海联交所组织各类专业机构开展了一系列的推介工作,充分使用自身市场资源,发挥平台的价值,以寻找合适的买家。到2013年12月6日项目公告期满为止,共征集到6家有实力的意向投资人。经联交所审核、绿地核准确认之后,其中的5家PE意向投资人资格获得确认,进入到此后的投资人择优筛选程序。通过第二轮认购最终确定投资人。

这次绿地的增资扩股方案,在设计上与传统的产股权项目有所不同,采用的是两轮认购方式。第一轮是在项目公告期公开地征集意向投资人,绿地集团和上海联交所对征集的意向投资人实行资格审核。在公告期满之后,要向

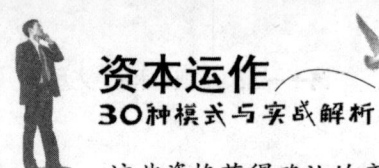

这些资格获得确认的意向投资人发出资格确认通知书，也就是第二轮认购的邀请信。

第二轮的认购是由资格得到确认的意向投资人，按各自确定的认购金额和数量正式递交认购材料，由上海联交所依事先公示的投资人优选方案，确定最终的增资方。

2013年12月17日，绿地集团增资扩股项目投资人的择优选择工作，在上海联交所进行，现场逐个发表各意向投资人的认购价格和数量。上海市产权交易管理办公室、上海市静安公证处在现场做公证和监督。此次投资人的择优选择主要有三类认购情况：

1. 当所有意向投资人的认购增资数量，没有达到总计的18亿股时，这次增资活动将无条件予以终止。

2. 如果所有意向投资人认购的增资量，达到总计18亿股但又小于或等于21亿股，这时所有的意向投资人都成为增资方，增资数量为各投资人认购的数量。

3. 如果所有意向投资人认购的增资量，总计大于21亿股，就根据各投资人的认购价格和数量计算得分排名，从高到低进行排列，直到认购数量累计到满足此次增资量为止。

最后的增资价格为所有意向投资人认购价格中的最低价。此次产权交易模式，实际上是一种创新模式，类似于上市公司在定向增发时对超募情况的处理。此次认购，在择优选择的现场确认，所有意向投资人的认购数量总计为20.87亿股，增资价每股为5.62元，绿地注册资本由82.72亿元增至103.72亿元,融资规模达到117.29亿元,增资的结果达到了绿地集团的预期要求。

由本案例可见,在产权交易中与当地交易所合作是非常重要的,这样就能在全国和地方两个层面上保证充足的法规依据,以及操作的适宜性。绿地集团经本次增资扩股,公司的总股本由原来的82.72亿股增到103.72亿股,国有股东持股比例下降到48%。这使绿地集团成为上海国资系统内第一家国有资本降到50%以下的企业集团。

此次产权交易,上海联交所按绿地集团的战略要求,量身定制了一整套增资扩股方案。并运用专业服务和信息发布平台等优势,吸引了6家合格的意向投资人进行认购,在公正、公平、公开的前提下,引导非公有资本流入优质国有企业,最终协助绿地集团达到融资117.28亿元的目的,进一步完善了绿地股权的多元混合。

而绿地集团这次选择通过产权市场公开挂牌征集投资人,实现增资扩股,让符合要求的非国有投资主体都能公平地参与竞争,形成了一种市场询价均衡机制,又由规范透明的程序对意向投资人进行必要的筛选,从而得到合适的投资主体,能更好地帮助绿地集团实现其预期目的。这就产生出市场配置资源的结果,符合股东的战略意愿,体现出市场化的作用。

专家解读:产权交易是一种有效的融资方法

产权交易指交易双方的当事人,按合同约定和法律规定,通过出售、购买、拍卖、兼并等多种方式,将一方当事人所享企业产权转移给另一方的当事

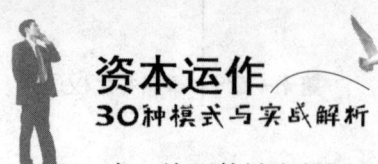

人,从而使被交易的企业在法律上改变法人实体或失去法人资格的过程。产权交易具有市场性、复杂性、限制性、多样性等特征。从交易形式而言,产权交易有下述6种主要形式:

1. 资产转让。这是指实物资产的需求者和所有者之间的一种交换关系,这一交换当然是有偿的。而资产的有偿转让,指的是资产持有者和需求者之间按等价原则,以货币价值与资产实物价值进行交换的一种方式。

2. 企业兼并。企业兼并是指一个企业购买另一个企业的产权,使之被兼并,从而变更法人实体或丧失法人的资格。兼并者往往作为存续企业仍然保留原企业的名称,而被兼并的企业则不再存在。

3. 资产租赁。租赁是某方给另一方支付租金,以取得商定时间内对另一方所具资产的使用权。资产租赁分为服务性租赁、经营性租赁、融资性租赁三大类。

4. 产权拍卖。这是产权拥有者和需要者通过竞买的方式,使产权从其所有者向出价最高的求购者转移的一种产权转让方式。产权拍卖可分为两种主要形式:一是所有权拍卖,二是经营权拍卖。

5. 股份转让。这是将股份从一方转移到另一方的行为,一般持股的股东依据心理预期和自身利益决定是否进行转让。而某方一旦取得股份,就失去对入股资金的经济支配权,拥有的仅是股权,其中包括收益权和表决权。

6. 承包经营。这是指企业与承包人之间订立承包经营合同,在一定期限内将企业经营管理权部分或全部交给承包者。而由承包者来经营和管理这一企业,同时获取企业部分收益并承担相应的经营风险。

完全的产权交易都需要通过产权交易市场合法地进行。因此,进行产权交易融资的人都应该熟悉产权交易市场的作用和运作。而产权交易市场实际上是多层次资本市场的重要组成部分,其职能是为产权转让提供综合配套服务和交易条件,具体表现为开展信息发布、组织交易、资金结算交割、产权鉴证和登记、政策咨询等业务活动,有下述主要功能:

1. 规范制度功能。这是指产权交易市场对发生在产权交易过程中的各类行为提供规范和指导。包括创建公开交易制度、形成价格规范、确立公平竞争规则、杜绝暗箱操作,以及形成产权交易信息的传递机制等。

2. 积聚信息功能。这是指产权交易市场能提供各种产权交易信息,用以沟通交易双方。产权交易市场可通过公开价格等相关信息,使交易者借市场建立固定的联系渠道,让具有交易愿望的双方或潜在的交易双方以适当的方式相遇。

3. 发掘价格功能。这是指产权交易市场可形成价格规范。通过建立市场进行有组织的买卖,可使发现相应价格的成本大为降低。市场为达成交易建立了惯例和程序,这就使当事人更易于看到哪些买卖是合适的,可以成交;交易市场还使议价成本减少。而交易信息一旦公开,就可约束交易者的议价幅度,能使价格趋向平均水平。

因此,产权交易市场能使潜在交易者对交易价格形成合理预期,以减少交易的费用,促进买卖双方顺利达成各方满意的交易价。

4. 金融股权交易。产权市场还是一个金融股权集中交易的市场。近些年来,有南京证券、申银万国、国泰君安、海通证券等多家券商,以及上海银

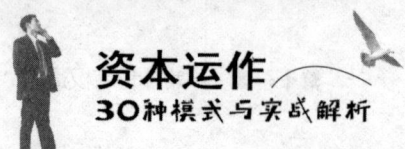

行、新华人寿等单位，通过产权交易市场挂牌转让金融股权。

5. 中介服务功能。这是指产权交易市场实行进场交易的委托代理制，简化了交易的手续，使产权交易过程缩短，由此达到提高产权交易效率的目的。在这一过程中，也提高了经纪人员的业务素质，促进了中介服务机构的专业性。

第十二章 整合资源

模式 29：合约促专业化协作

案例分析：专业化协作使中小企业做大、做强

江苏有一家中小型的机床厂，其产品逐渐从国内走向海外，订单越来越多，形成产品供不应求的局面。这家企业为满足全球市场不断扩大的需求，决定从银行贷款1.8亿元将企业生产规模扩大3倍。通过协商和申请，银行确定了贷款的意向。这家企业也积极做好各项准备工作，可以说是"万事俱备，只欠东风"。但就在这时，银行突然决定不予贷款。

这一没有预料到的情形，使这家企业一时间一筹莫展，不仅要失去许多商机，而且企业本来已展现出来的发展前景也将成为泡影。这个时候，有一位资本运营专家为这家企业进行筹资咨询。经多方考虑研讨后，这位专家对企业提出了专业化协作的方案，运用这一融资方式，企业完全可以扩大生产规模，落实原定的生产和经营计划。这家企业接受了这个专业化协作融资方案，通过

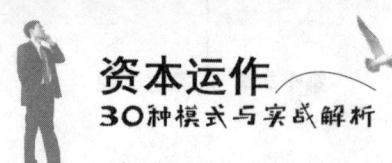

多种合同和协议形成了一个以扩大本企业生产规模为目标的网络联盟，保证了企业扩产计划的实现。结果仅仅用了1600万元扩建了工厂的总装配车间，用于组装机床的所有零配件和生产机器都用外包的方式予以实现。

从这一典型的专业化协作融资的案例来看，这家机床厂将自身定位为网络联合中的中心工厂，借着外包等合同，只用了不足原来计划贷款额9%的资金，就实现了扩大企业生产规模的目的。而为这家机床厂提供零部件等生产要素的各家协作工厂，都扩大了生产规模，不用追加投资或仅追加少量的投资，就可以得到相当稳定的市场。在这一专业化协作体系中，以机床厂为中心的各合作企业之间的相互融资关系，虽然是隐形的，却又是实际存在的。

案例分析：华为是专业化协作融资的典范

华为是企业之间进行专业化协作的典范，实际上，通过这样的专业化协作，华为实现了难以估量的隐形融资。因此，华为每年都会举行"企业业务合作伙伴答谢会"或"中国生态伙伴大会"。2019年3月21日，华为"2019中国生态伙伴大会"在福州举行，主题是"因聚而生，智能进化"。这次盛会汇集了2万多位来宾，包括合作伙伴、合作开发者、行业联盟伙伴、业界的顶尖专家、媒体人士、客户等。在这次会议期间，还举行了60多场生态、行业、技术等探讨交流论坛。

在这次大会上，华为董事、企业BG总裁阎力大谈道："华为的企业业务已达到100亿美元的销售里程碑。2018年华为的收入规模达500亿元，每年的复合增长率有30%。华为目前已有两家年收入超过百亿元、一百家年收入超过一亿元的合作伙伴。"与合作企业的专业化协作，也将华为公司的事业不断地推向高峰。阎力大在大会开幕词中提到："站在智能时代的入口，在坚持'被集成'的基础上，华为企业业务的新定位是'Huawei Inside'，通过'无所不在的连接＋数字平台＋无所不及的智能'，致力于打造数字中国的底座、成为数字世界的内核。华为的数字平台以云为基础，整合各种新ICT技术，融合数据，向上支持应用快速开发，使智能业务敏捷创新。"

而华为未来的发展，又是与合作伙伴或合作企业紧紧地联系在一起的。阎力大说："华为将与合作伙伴一起做大蛋糕，共同朝向更高的追求，定义产业标准；提供更大的舞台，支撑更多伙伴站在世界数字化的舞台；提供更好的支持，从方案孵化和智能营销、方案复制、伙伴激励方面加大投入。华为将以数字化底座为支点，以开放共赢的生态为杠杆，携手生态合作伙伴，一起撬动智能时代，帮助客户取得商业成功。"实际上，在华为做大、做强的过程中，专业化协作融资起到了极其重要的作用。

专家解读：流行于全球的隐形融资

专业化协作是一种有效的融资渠道，产生于协作企业的合作及生产经营过程中。比如零部件供应企业与生产企业、养殖企业与加工企业、组装企业与对外商贸企业等。当然，从严格意义上看，专业化协作只是一种变相融资，但实际上，这是企业之间实际发生的隐性融资。因此，专业化协作流行于全球，

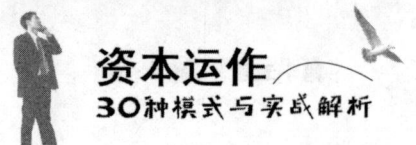

世界上大中小型企业都广泛使用这一方式来扩大生产的规模。

生产型企业融资的主要目的当然是增加利润、扩大再生产。按常规思维来看，融资的方式一般都是直接获取资金，再通过企业的生产和经营活动扩大企业生产规模。但专业化协作的融资方式与此不同，这是一种生产性融资，借合作企业的生产能力实现扩大再生产。对于加工或组装性质的企业，尤其适合采用专业化协作的方式进行融资。而在欧美等国家，信息发达，市场繁荣，以专业化协作为基础的网络化生产相当普遍。这是因为生产商或投资者一旦看准商机，就能借专业化协作的方式快速进入市场。在传统的融资方式下，即使是经过充分论证的优质项目，也需要经过长时间预备、多方融资，进行基本建设之后才投入生产。结果可能会错过商机，等产品进入市场后市场已趋于饱和，会遭遇到滞销的形势。而用专业化协作的方式融资则不同。进行专业化协作的企业，具有各种融资方法所不具备的优越性，尤其是省掉了基本建设和融资的过程。

尤其是中小型企业，专业化协作的融资方式对它们来讲相当重要。因为中小型企业面临着融资难的问题，长时间公关、申请、审批等，不仅代价大，许多的商机也在等待之中流失了。等得到贷款之后，还会面临资金不足、基本建设周期长、市场变幻莫测等问题。由于中小型企业的规模小，产品的市场份额不大，对于产品市场缺少主导权和话语权，又缺乏在市场中采取强大营销攻势的实力，要想打开产品的市场销路，就只能靠灵活、快速等优势取胜。

当然，企业以专业化协作的方式融资，可以快速进入市场，捕捉到商机。但这也只是在市场中获得成功的一个方面。任何一家企业如果想持续发展，都需要在生产经营和管理方面狠下功夫，还要确立正确的经营理念和企业文化，不断地在技术和管理上进行创新,在采用适合市场需要的战略和商业模式的同时,施行与企业战略相对应的一系列具体措施,并在生产和经营活动中体现出企业强有力的执行力。

专业化协作融资的关键是打造出一个企业之间的合作网络,以网络的形式展开生产和经营活动,在作为网络成员的企业之间建构或松散,或紧密的业务协作关系。这就要求企业严格地筛选合作伙伴。所有进入合作网络的企业,都需要遵守用章程和合同等方式确立的行为准则,而这对于网络中所有的企业来说都是非常重要的。尤其对于网络中的中心企业,通过遵守约定保证其生产和经营活动能正常展开,与保证融资目标的实现密切相关。

可见,对专业协作网络成员必须要严格地筛选,谨慎地找到合格的合作企业。可以通过下述3个阶段来确定合作企业:

1. 初步列出合作企业的名单,对这些企业是否适合加入到专业化协作融资网络,进行可行性和可能性的评估。特别要对其加入外包业务合作的能力进行评估。在评估基础上进行初步的选择,确定下一阶段的重点企业。

2. 必须进行实地考察。在上一阶段的可行性研究完成之后,就需要着手进行专业协作项目实际落地的工作。这时需要对可能进入合作网络的企业进行实地考察。只有通过实地考察,才能确定那些无法通过文字资料确定的问题。

3. 在考核的基础上确定合作企业名单。实地考察可基本弄清备选企业的实际情况,再结合文字资料,按择优的原则确定合作企业,之后还需要签订合同。

专业化协作融资取得成功的基础是用合同规范合作企业的行为。合同将

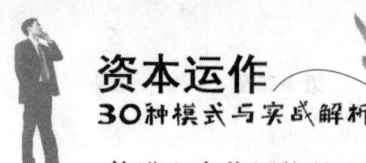

使进入合作网络的企业行为得到规范，保证合作业务正常、有序地开展，由此实现专业化协作融资项目所设定的目标。这一规范的体系或制度，主要通过两类文件得以建立起来，一是专业化协作网络的章程，二是具体的业务合作合同。

这两类文件具有相同的性质，章程也是一种合约或合同。章程规定了进入合作网络各企业的义务和权利，合同则确定各企业的业务往来关系和相应的权益。当然，章程不只是一般性原则，也要有针对性，即针对某一特定的专业化协作网络。章程也要体现市场机制原则，保证进出的自由。合同则是根据业务的需要，随着每一笔业务的展开而签订，涉及的都是相关业务中各方的关系和相应的责任、义务、利益等。因此，专业化协作的章程和合同，签订之后就必须认真遵守和履行。一个合作的业务网络，其实就是一个比较稳定的业务圈，对于其中每一家企业而言都要形成完整价值链，关系到自己和圈中所有企业的利益。如果一家企业违背章程和合同，就会使这一利益圈的某环节断裂，对所有合作企业造成损害。处在合作网络中心的企业，在专业化协作中起着核心作用，当然更应遵守合作圈中的行为规则，模范地执行合同和章程规定的所有条款，以保证实现高质量的合作。位于中心位置的企业，还应结合自身实际，对其他合作企业进行帮助和技术上的指导。

由于专业化协作融资的需要，产生的合作圈是复杂的、紧密联系的系统，其内部也是按着市场原则运转的。有时候，这样的合作是更具综合性的，不仅关系到产品的生产，还关系到研发、仓储物流、市场营销等，这就更要求合作企业严谨地履行各项条款和承诺。

模式 30：增资扩股结盟经营

案例分析：用增资扩股使企业做大

增资扩股是企业进行融资的又一个好办法，没有许多难以跨越的门槛，又可以将企业做大。现在来看一家化肥厂的案例。这家化肥厂成立于 2006 年，成立时的注册资金是 200 万元，生产钾肥和磷肥，属于化工行业中的中小型企业。从创业之初，这一企业就不断地开拓市场，扩大生产，逐渐成长起来。到了 2017 年，企业账上的净资产已达到 5000 万元。也就是说，从一个小型企业开始，用了 10 余年时间就把企业做大了，资产增值 25 倍。

企业成长了，市场也扩大了，尤其是来自海外的订单剧增，使这家化肥厂应接不暇。于是，企业需要增添生产设备，上新的项目，急需融资 5000 万元。因此，该企业就向一家投融资顾问公司做咨询。这家顾问公司的专家来到这家化肥厂做了详细的调查，并研究了其整个产业链，发现这个企业的资本结构很单一，具有相当大的扩充余地。由于企业生产的化肥是磷肥和钾肥，就需要购买磷矿和钾矿产品等原材料。这是因为磷肥所需用的磷，要从磷矿产品中提取，而钾也是由天然矿物或是硬盐矿产物中制取。在企业产业链的上游，就有一些提供磷矿和钾矿产品的厂家，这些厂家卖给化肥厂原材料，但也得依靠

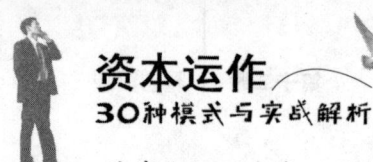

这家化肥厂生存，形成彼此关联的格局。企业下游的商家，多年来都为这家化肥厂销售磷肥和钾肥，靠卖这些产品挣钱，也与这家企业相关联。还有处在企业产业链平行环节的厂家，也就是处在左右的位置上，同样与化肥厂相互关联。最典型的就是那些生产包装袋和包装箱的企业。

在这样一个产业链上，上游厂家供应原材料，平行厂家提供所需的配套产品，下游商家或代理商销售化肥产品。原材料得卖出、配套物品得卖出、化肥得卖出，这样就形成了一个关联企业彼此依存的利益圈。由于存在这样一种买卖关系，实现了商品的流通，而关联企业之间大家都很熟悉，也相互信任。进行增资扩股，就应在这一范围内运作。

资本运作专家就向这个企业提出了增资扩股融资法，并制订了一个具体的运作方案，要点是通过关联企业股权联结，实现增资或融资。对于这一家化肥厂而言，这是一个融资速度快、成本低的方法。增资扩股需在同行业的产业链中进行，跨行业是无法实施的。例如，这家化肥厂只宜于从化工行业的产业链厂商中通过增资扩股融资，而无法从餐饮行业融资。

实际操作的结果是，化肥厂从几个上游厂家融资2800万元，从平行厂家融资800万元，从几个经销商融资1400万元。形成这样一个股权结构：化肥厂持股52%；上游厂家持股27%；平行厂家持股8%；销售商持股13%。此次增资扩股使化肥厂的实力大增，增添先进设备使企业的产能升级换代，生产规模也迅速扩大。由于整合了企业的产业链，化肥厂抵抗风险的能力也有了很大的提高。过去是一家企业参与市场竞争，现在等于是一个企业集团开拓市场，在产品定价上有了很大的发言权，市场竞争力迅速加强。

这家化肥厂通过增资扩股的方式进行融资,不仅速度快、成本低,解决了资金短缺的问题,提高了企业的生产能力,也借着股权制度所产生的联结作用,加强了自身的市场地位,促进了企业产品的销售,更好地保证了企业的收益。

案例分析:增资扩股是一种快速的低成本融资

A 有限责任公司的注册资本为 1600 万元,因需扩大企业的生产规模,急需融资 800 万元。A 企业面临向银行贷款或增资扩股两个选择。在进行融资操作之前,A 公司先对银行贷款融资的成本进行了估算。如果用房产做抵押来获取银行贷款,可能会有下述的支付:担保企业保费、反担保措施费用、银行上浮利率、保证金、评估费、各种税费、公证费等。这样一来,综合的融资成本很有可能在贷款额的 10% 以上。即使按 10% 计算,A 企业为得到 1 年期限的银行贷款,将支付 80 万元的融资费。

因此,A 企业决定用增资扩股的办法融资,将注册资本增加至 2400 万元,同时扩增 800 万股权。这时 B 企业愿购买所扩增的股票,而 A 企业的原股东都同意放弃其优先购买权。这样,A 企业扩增的 800 万股,就由 B 企业用 800 万元对价买入。这是一种平价购买方式。

A 企业增资扩股的结果:B 企业给 A 企业注入 800 万元资金,同时变成 A 企业的股东。A 企业不需向 B 企业定期地还本付息,这就减少了支付压力,还节省了融资的成本。B 企业则可经股权增值或分红来取得收益,实现二者的共赢。可见,与银行贷款相比较,增资扩股融资的成本低,速度也较快。

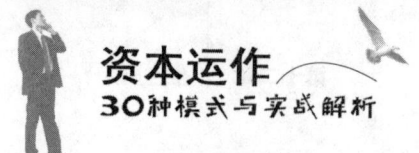

专家解读：增资扩股融资的关键是整合资源

在广义上，增资扩股融资是指公司通过新股东的投资入股、增发股票、原股东投资、从社会募集资金等方法，以扩大公司的股本获取所需要的资金。上述化肥厂的例子属于新股东的投资入股，可看作是狭义的增资扩股融资。按照股权原有账面价格和扩充股权的价格之间的关系，增资扩股可以分为平价扩股和溢价扩股。为保护老股东们的利益，折价扩股的情况是极少的。因资金的来源方式不同，增资扩股融资还可以分为外源融资和内源融资。

运用增资扩股的方式融资，具有下述优点：

1. 可优化企业股东结构。企业可借增资扩股调整股东的持股比例，以优化自身的股权结构。企业在发展的过程中，常常需要随外部形势和企业自身实际情况的改变，借增资扩股获取融资，并对股东结构进行优化，以达到削弱或增强某些股东对企业的控制力。

2. 融资的成本低。比较传统的民间借贷、银行贷款等融资办法，增资扩股融资的成本相对较低，还不需向民间借贷、银行贷款那样，定期地还本付息。这是资金较紧张的企业，进行融资的较优选择。

3. 可提高企业股本规模。在市场竞争中，规模常表明竞争的优势，企业的规模越大，竞争的优势将越大，信用度就越高。增资扩股可直接扩大企业股本规模，提高企业影响力和实力，还能减少资产负债率，使资本结构得到优化，这都有益于提高企业的信誉。而且，某种数额的企业注册资本标准，也常常是得到一些资质的法定要求。例如，做证券经纪业务的那些证券公司，注册资本 5000 万元是最低限额。如果注册资本不能够满足要求，又想获得相应资质，就需要增资扩股。

4. 有助于完善公司的治理结构。现代企业的显著特点是有完好的公司治理结构，公司的董事会、监事会、股东会及高管人员之间做到权力的制约和分散，使企业走上科学治理的道路。经过增资扩股调整公司股东持股比例，能在某种程度影响股东对企业的控制权，形成股东间制约的机制，避免出现公司中一股独大的局面。

5. 提高企业的竞争力。经外源的增资扩股，可引入战略投资者或外部股东，为公司带来新动力和新的竞争力。这些股东不仅为企业带来发展资金，往往还为公司带来先进的产品、先进技术、购销网络、管理经验等，短期内就能大幅提高企业核心竞争力。

总而言之，增资扩股是一个引入新投资人、吸引直接投资的过程。不过，这一融资方式有其优点，也有缺点。优点是增资扩股筹集的是自由资本，与借贷资本相比较，不会降低公司借款的能力，却能扩大公司的经营规模，壮大自身实力，还有益于直接获取所需的设备和先进技术，从而迅速提高企业的生产能力。此外，企业是按经营情况向投资人支付报酬，无固定支付压力，灵活而富于弹性，这就不会带来较大的财务风险。但增资扩股的融资模式，也存在一些不足。一是投资人将分享企业收益，潜在的资金成本还是较高，在企业盈利能力较强、经营情况较好时更是如此。二是增资扩股易分散公司控制权，投资人或许会要求获取一些经营管理权，有时会完全控制或影响公司经营。

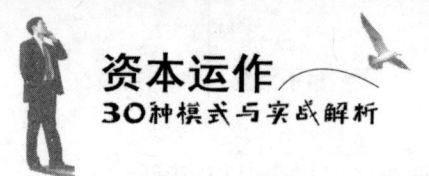

参考文献

1.［美］瑞·达利欧：《债务危机：我的应对原则》，赵灿、熊建伟、刘波译，中信出版社 2019 年版。

2. 饶钢、金源：《这就是会计：资本市场的会计逻辑》，法律出版社 2019 年版。

3.［德］博多·舍费尔：《财务自由之路》，刘欢译，现代出版社 2019 年版。

4. 浩德并购军师联盟：《成功并购 300 问：一本书搞定并购难题》，中国青年出版社 2019 年版。

5. 姚宇峰：《股权资本：企业股权设计与运作实战方案》，中国经济出版社 2019 年版。

6. 邓海虹、韩映辉、胡涛、赵三康：《政府投融资平台转型实操》，中国经济出版社 2019 年版。

7. 朱玉庚：《跨境担保与跨境融资：23 个经典案例详解》，中国经济出版社 2019 年版。

8. 吴维海：《政府融资 50 种模式及操作案例》（第 2 版），中国金融出版社 2018 年版。

9. 雷霆：《公司法实务应用全书：律师公司业务基本技能与执业方法》（第二版），法律出版社 2018 年版。

10. 田轩：《创新的资本逻辑：用资本视角思考创新的未来》，北京大学出版社 2018 年版。

11. 中国产权协会：《中国产权交易资本市场经典案例》，中国经济出版社 2018 年版。

12. 贺志东：《企业融资管理操作实务大全》，企业管理出版社 2018 年版。

13. 中伦研究院：《资本运作：规则、风险与创新》，法律出版社 2018 年版。

14. 饶钢：《饶胖说 IPO：规范运作和公司治理》，法律出版社 2018 年版。

15. ［美］戴维·凯里、约翰·莫里斯：《资本之王：全球私募之王黑石集团成长史》（经典版），巴曙松、陈剑译，浙江人民出版社 2017 年版。

16. ［英］大卫·哈维：《资本的限度》，张寅译，中信出版集团 2017 年版。

17. ［美］瑞·达利欧：《原则》，刘波、綦相译，中信出版集团 2017 年版。

18. 廖连中：《企业融资：从天使投资到 IPO》，清华大学出版社 2017 年版。

19. 关振海：《商业保理融资指南》，中国发展出版社 2017 年版。

20. 张巍：《资本的规则》，中国法制出版社 2017 年版。

21. ［美］本杰明·格雷厄姆，贾森·兹威格、沃伦·巴菲特 注疏，王中华、黄一义、刘建位：《聪明的投资者》（第 4 版，注疏点评版），人民邮电出版社有限公司 2016 年版。

22. ［美］查理·芒格著，彼得·考夫曼编，李继宏：《穷查理宝典：查理·芒格智慧箴言录》，中信出版社 2016 年版。

23. 蒋北：《一本书读懂融资融券》，人民邮电出版社 2016 年版。

24. 朱运德：《新三板上市直通车：实务操作指引》，法律出版社 2016

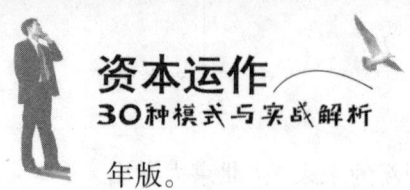

年版。

25.［美］乔希·勒纳、安·利蒙、费尔达·哈迪蒙:《风险投资、私募股权与创业融资》,路跃兵、刘晋泽译,清华大学出版社2015年版。

26.丁德应、陈芳:《境外银行对中国企业跨境融资与担保实务》,经济管理出版社2015年版。

27.姜军:《公司并购交易与管控》,知识产权出版社2014年版。

28.邱国鹭:《投资中最简单的事》,中国人民大学出版社2014年版。

29.汪伟农:《企业国有产权交易操作实务与技巧》,复旦大学出版社2011年版。

30.方立维、徐步云:《兼并与收购:上市公司的反垄断规制》,知识产权出版社2011年版。

31.廖运凤:《中国企业并购前沿问题研究》,知识产权出版社2010年版。

32.郑厚斌:《收购与合并:企业产权交易及其市场组织》,商务印书馆1998年版。